Essen & Trinken 83

Unterwegs in der Stadt 115

Einkaufen 133

Aktivitäten 163

Ernstfall 191

Zeit & Wetter 215

Abkürzungen:

(B) speziell in Belgien

Wie viel kostet das? Hoeveel kost dat?
hufe:l koßt dat?

Alle niederländischen Sätze und Wörter sind zusätzlich in einer einfachen Lautschrift angegeben.

Wenn es mehrere Möglichkeiten gibt, einen Satz fortzuführen, stehen die möglichen Ergänzungen unter dem Satz. Setzen Sie die passende Ergänzung in die Lücke mit den drei Punkten ein.

Können Sie mir ... empfehlen?	**Kunt u mij ... aanbevelen?** kӧnt ü: mäi ... a:mbəfe:lə?	
... ein gutes Hotel	**... een goed hotel**	... ən chut ho:tel
... ein preiswertes Hotel	**... een goedkoop hotel** ... ən chutko:p ho:te	
Wo bekomme ich ... ?	**Waar kan ik ... krijgen?** wa:r kan ik ... kräichə?	

Bei Auslassungspunkten können Sie das einsetzen, was Sie gerade sagen möchten. Ergänzungen finden Sie in der Liste „Weitere Wörter“ zu jedem Abschnitt oder Kapitel.

Welches Material ist das? **Wat voor materiaal is dit?**
▸*Stoffe, S. 144* wat fo:r matərja:l is dit?

Verweis auf andere Kapitel, in denen Sie weitere Wörter und Sätze finden.

Wie heißen Sie | heißt du?	**Hoe heet u | heet je?** hu he:t ü: | he:t jə?

Manchmal sind in einem Satz die du- und die Sie-Form angegeben. Die Varianten sind unterstrichen und mit einem Strich getrennt. Lösen Sie den Satz entsprechend auf, je nachdem, was Sie sagen wollen: entweder **Hoe heet u?** (Wie heißen Sie?) oder **Hoe heet je?** (Wie heißt du?).

Haben Sie ein Einzelzimmer frei?	**Heeft u een eenpersoonskamer vrij?** he:ft ü: ən e:npərßo:nßka:mər fräi?

Das könnten Sie hören:

◂ **Wij zijn helaas volgeboekt.**
wə säin he:la:ß folchəbukt.
Wir sind leider ausgebucht.

Sätze, die Sie nicht selber sagen werden, die man aber vielleicht zu Ihnen sagt, haben wir in umgekehrter Sprachrichtung (also links Niederländisch, rechts Deutsch) aufgenommen. Sie sind mit der Überschrift „Das könnten Sie hören" versehen und mit Pfeilen gekennzeichnet.

Töpferei	**de pottenbakkerij** potəbakərä
Tor	**de poort** po:rt
Touristeninformation	**het VVV** (B: de toeristische dienst) ət fe:fe:fe: (B: də tu:rißtiße di:nßt)
Turm	**de toren** to:rə

Belgische Varianten stehen in einem helleren Blau und in runden Klammern mit der Kennzeichnung B.

Artikel

Der bestimmte Artikel lautet in der Einzahl vor männlichen und weiblichen Substantiven **de** (der/die), vor sächlichen **het** (das). Der unbestimmte Artikel für alle Geschlechter ist **een** (ein/eine). In der Mehrzahl wird immer **de** (die) verwendet.

Die Artikel sind unveränderlich.

Substantive

Es gibt männliche, weibliche und sächliche Substantive. Substantive werden in der Regel nicht verändert. Genitiv und Dativ (2. und 3. Fall) werden mit der Hilfe von Präpositionen **(van, voor, aan)** gebildet:

de poot van de hond	die Pfote des Hundes
Ze gaf de bloemen aan de zoon.	Sie gab dem Sohn die Blumen.

Nur bei Personen kann man im Genitiv ein **-s** anhängen:

de kat van Peter/Peters kat	Peters Katze

Bildung des Plurals

Meist wird der Plural mit der Endung **-en** gebildet:

de kast - de kasten	der Schrank - die Schränke

In einigen Fällen ändert sich dabei der Stammvokal:

de stad - de steden	die Stadt - die Städte

Die Pluralendung -s erhalten:
Substantive auf -je, -tje, -pje, -kje (die Verkleinerungswörter)
het meisje - de meisjes das Mädchen - die Mädchen

Substantive auf unbetontes el, -em, -en, -er, -aar, -erd, -aard
de vogel - de vogels der Vogel - die Vögel

Substantive auf -a, -i, -u, -o und -y. Hier wird das -s mit einem Apostroph angehängt: taxi - taxi's.

Einige sächliche Substantive haben die Pluralendung -eren:
het kind - de kinderen das Kind - die Kinder

Verkleinerungsformen

Verkleinerungsformen sind sehr beliebt. Sie werden durch Anhängen von -je gebildet. Wie im Deutschen beim Anhängen von -chen werden die Substantive dadurch sächlich:
de stad - het stadje die Stadt - das Städtchen

Adjektive

Deklination

Das Adjektiv wird nicht verändert vor sächlichen Substantiven in der Einzahl nach dem unbestimmten Artikel een (ein/eine), geen (kein/keine), veel (viel/viele), weinig (wenig/wenige):
het huis - een oud huis das Haus - ein altes Haus

Vor männlichen/weiblichen Substantiven und vor allen Wörtern in der Mehrzahl wird ein -e angehängt:
de huizen - de oude huizen die Häuser - die alten Häuser

Steigerung

Der Komparativ wird mit der Endung **-er** gebildet, der Superlativ mit **-st**:

rijk - rijker - rijkst	reich - reicher - am reichsten

Enden Adjektive auf -r, dann wird im Komparativ ein **d** eingefügt:

duur - duurder	teuer - teurer

Nach dem Komparativ steht die Konjunktion **dan** (als):
duurder dan teurer als

Folgende unregelmäßige Steigerungsformen sollte man sich merken:

goed - beter - best	gut - besser - am besten
veel - meer - meest	viel - mehr - am meisten
weinig - minder - minst	wenig - weniger - am wenigsten

Pronomen

Personalpronomen

	Subjekt		Objekt	
Singular	**ik**	ich	**mij** unbetont **me**	mir/mich
	jij unbetont **je**	du	**jou** unbetont **je**	dir/dich
	hij	er	**hem**	ihm/ihn
	zij unbetont **ze**	sie	**haar** (im gesamten Sprachgebiet)	ihr/sie
	het	es	**ze** (nur im Süden)	
	u	Sie	**het**	ihm/es
			u	Ihnen/Sie
Plural	**wij** unbetont **we**	wir	**ons**	uns
	jullie	ihr	**jullie**	euch
	zij unbetont **ze**	sie	**ze**	ihnen/sie

Possessivpronomen

mijn	mein/e
jouw unbetont je	dein/e
zijn unbetont z'n	sein/e
haar unbetont d'r	ihr/e
ons/onze	unser/e
jullie	euer/e
hun	ihr/e
uw	Ihr/e

Beim Sprechen und auch in Texten werden meistens die unbetonten Pronomen verwendet, es sei denn, die Personen sollen besonders hervorgehoben werden:

Jij had zijn jas aan en hij droeg je trui.	Du hattest seine Jacke an und er trug deinen Pullover.

Außer **ons/onze** (unser/e) werden die Pronomen nicht verändert. **Ons** wird vor sächlichen Substantiven in der Einzahl verwendet, sonst immer **onze**:
de auto - onze auto; het licht - ons licht

Demonstrativpronomen

	Singular			Plural
	männlich	weiblich	sächlich	
diese(r,-s) jene(r,-s)	deze die	deze die	dit dat	deze die

Auf männliche und weibliche Substantive verweisen **deze** (diese/r) und **die** (jene/r), auf sächliche Substantive **dit** (dieses) und **dat** (jenes):

deze vrouw	diese Frau
die man	jener Mann
dat huis	jenes Haus

In der Mehrzahl wird für alle Wörter **deze** (diese) und **die** (jene) verwendet:

deze kinderen	diese Kinder
die mannen	jene Männer

Demonstrativpronomen werden nicht verändert.

Interrogativpronomen

Nach Personen fragt man mit **wie** (wer) oder **welke** (welche/r):

Wie is dat?	Wer ist das?
Welke man bedoelt u?	Welchen Mann meinen Sie?

Nach Sachen fragt man mit **welk** (für sächliche Substantive) und **welke** (für männliche und weibliche Substantive):

Welke tafel?	Welcher Tisch?
Welk gerecht?	Welches Gericht?

Fragepronomen bleiben meistens unverändert.

Verben

Die Verben zijn und hebben

Präsens	**zijn** sein	**hebben** haben
ik ich **jij** du **hij/ zij/ het** er/ sie/ es **u** Sie	**ben** bin **bent** bist **is** ist **bent/ is** sind	**heb** habe **hebt** hast **heeft** hat **hebt/ heeft** haben
wij wir **jullie** ihr **zij** sie	**zijn** sind **zijn** seid **zijn** sind	**hebben** haben **hebben** habt **hebben** haben

Perfekt		
ik ich	ben geweest bin gewesen	heb gehad habe gehabt
jij du	bent geweest bist gewesen	hebt gehad hast gehabt
hij/ zij/ het er/ sie/ es	is geweest ist gewesen	heeft gehad hat gehabt
u Sie	bent geweest sind gewesen	hebt/ heeft gehad haben gehabt
wij wir	zijn geweest sind gewesen	hebben gehad haben gehabt
jullie ihr	zijn geweest seid gewesen	hebben gehad habt gehabt
zij sie	zijn geweest sind gewesen	hebben gehad haben gehabt

Imperfekt		
ik/ jij/ hij/ zij/ het/ u	was	had
wij/ jullie/ zij	waren	hadden

Plusquamperfekt		
ik/ jij/ hij/ zij/ het/ u	was geweest	had gehad
wij/ jullie/ zij	waren geweest	hadden gehad

Regelmäßige Verben

Die regelmäßigen Verben haben im Präsens drei Formen. Beispielwort werken (arbeiten):

ik	werk arbeite
jij	werkt arbeitest
hij/ zij/ het/ u	werkt arbeitet
wij	werken arbeiten
jullie	werken arbeitet
zij	werken arbeiten

Die Vergangenheit wird bei regelmäßigen Verben durch Anhängen einer Endung gebildet: Endet der Stamm des Verbs auf **p, k, t, s, ch** oder **f**, wird **-te(n)** angehängt, sonst **-de(n)**:

werken:

wij werken - wij werkten	ich arbeitete - wir arbeiteten

antwoorden:

hij antwoordt - hij antwoordde	er antwortet - er antwortete

Perfekt und Plusquamperfekt werden mit **hebben** oder **zijn**, dem Präfix **ge-** und einer Endung **-d/-t** gebildet:

werken - ik heb gewerkt - ik had gewerkt
antwoorden - ik heb geantwoord - ik had geantwoord

Oft werden Verben, die im Deutschen mit „haben" kombiniert werden, auch im Niederländischen mit **hebben** gebildet.

Das Futur (Zukunft) wird mit **zullen** (werden) gebildet:

Hij zal komen.	Er wird kommen.

Es kann auch das Verb **gaan** (gehen) verwendet werden:

Hij gaat komen.	Er wird kommen.

Unregelmäßige Verben

Zu den unregelmäßigen Verben zählen alle Verben, die nicht nach dem obigen Muster gebeugt werden – also auch die so genannten starken Verben, zum Beispiel:

blijven - bleef - gebleven	bleiben - blieb - geblieben
doen - deed - gedaan	tun - tat - getan
gaan - ging - gegaan	gehen - ging - gegangen
kijken - keek - gekeken	sehen - sah - gesehen
vinden - vond - gevonden	finden - fand - gefunden

Top Tipps Land & Leute

Anrede

In den Niederlanden ist die Anrede mit jij oder je (du) nur unter jungen Leuten, im Freundeskreis und in der Familie verbreitet. Besteht ein großer Altersunterschied, so verwendet man noch u (Sie), zum Beispiel auch für die Tante oder den Onkel. Zwar gibt es immer weniger Situationen, die unbedingt ein u erfordern; dennoch sollte man es im Zweifelsfall lieber verwenden. In vielen Dialekten gibt es auch andere Formen für „Sie", z. B. gij oder ou.

Männer redet man mit meneer an (meneer Jansen), Frauen mit mevrouw, z. B. mevrouw Willemsen. Bei unverheirateten Frauen bzw. dann, wenn man nicht weiß, ob eine Frau verheiratet ist oder nicht, verwendet man Mw, das aber nur geschrieben wird. Das für unverheiratete Frauen ehemals gebräuchliche mejuffrouw ist, wie das Fräulein im Deutschen, heutzutage eher veraltet. Auch wenn man im Deutschen noch per Sie wäre, wird im Niederländischen oft der Vorname verwendet, beispielsweise bei der Arbeit.

Autobahn

Die Autobahn heißt in den Niederlanden (auto)snelweg, meistens abgekürzt mit A (A73 etc.). Seit 2020 gilt auf allen snelwegen tagsüber von 06:00 bis 19:00 Uhr eine Geschwindigkeitsbeschränkung von 100 km/h. Abends und nachts darf auf Autobahnen 100, 120 oder 130 km/h gefahren werden. Die erlaubte Geschwindigkeit wird ausgeschildert. Rund um größere Städte wie Utrecht und Amsterdam ist die Geschwindigkeit aus Lärmschutzgründen teilweise auf 80 km/h begrenzt. In den Niederlanden wird nicht rücksichtsvoller gefahren als in Deutschland. Jedoch unterscheidet sich der Überholvorgang etwas: Blinker an bedeutet „Ich fahre jetzt nach links“ und nicht „Würden Sie mich bitte nach links lassen?“.

Autofahren

Für einen vorübergehenden Aufenthalt in den Niederlanden braucht man keinen internationalen Führerschein. Der ganz normale Führerschein muss jedoch immer mitgeführt werden. Ebenso wie in Deutschland gilt die Rechts-vor-links-Regel und ab 18 Jahren darf man ohne Begleitperson fahren. Es besteht Anschnallpflicht für alle Sitze. Für Kinder bis 135 cm Körpergröße sind geeignete Kindersitze Vorschrift.

Rijden onder invloed („Fahren unter Alkoholeinfluss“): Die Promillegrenze liegt bei 0,5‰. Wenn man seinen Führerschein kürzer als fünf Jahre hat, gilt 0,2‰. Außerdem ist das Telefonieren mit dem Handy ohne Freisprechanlage verboten.

Autovermietung

Autovermietungen (**autoverhuur**) finden Sie an Flughäfen und in größeren Städten. Um ein Auto mieten zu können, muss man mindestens 21 Jahre alt sein (abhängig von der Autokategorie) und den Führerschein mindestens ein Jahr besitzen.

Begrüßung

Unabhängig von der Tageszeit grüßt man informell mit **hallo**, **hoi** oder **ha**. Zur Verabschiedung sagt man **tot ziens**, **doei**, **aju**, **hoie**, **houje**, **houdoe**, wobei die vier letztgenannten regional verwendet werden. **Aju** kommt vom französischen **adieu**; **hoie**, **houje**, **houdoe** bedeuten wörtlich übersetzt „halt dich wohl“. Am Morgen grüßt man mit **goedemorgen**, am Abend mit goedenavond. Nachmittags, ungefähr von 12.00 Uhr bis 17.00 Uhr, grüßt man mit goedemiddag. Am frühen Mittag oder Abend kann man sich auch mit goedemiddag oder goedenavond verabschieden. Ein fester Händedruck gilt als höflich, und man erkundigt sich auch gerne nach dem Befinden des anderen: „Hoe gaat het ermee?“, was meist mit „Goed/Prima en met jou?“ („Gut, und dir?“) beantwortet wird oder auch mit „Ik mag niet klagen“ („Ich kann nicht klagen“). Manchmal begrüßt man sich auch mit zwei oder drei Wangenküssen, wobei links begonnen wird.

Bus

Für alle öffentlichen Nahverkehrsmittel braucht man eine Chipkarte, die man am Bahnhof kaufen kann. Man kann zwar auch im Bus zahlen, jedoch ist es dort viel teurer. Im Osten und Norden des Landes gibt es immer mehr sogenannte Rufbusse, die man vor der Fahrt telefonisch bestellt; hat niemand angerufen und den Bus bestellt, dann fährt er nicht. An Haltestellen, die von mehreren Buslinien bedient werden, muss man die Hand heben, sonst hält der Bus nur an, wenn jemand hier aussteigen möchte.

Coffeeshops

Cafés mit der englischen Bezeichnung Coffeeshop sind in den Niederlanden Orte, wo man weiche Drogen bekommen und konsumieren kann. Es gibt sie in allen größeren Städten. Wenn man nach Nederwiet fragt, bekommt man Ware, die im Lande gezüchtet und vermeintlich kräftiger ist. Man kann dort auch bereits fertige Marihuana-Zigaretten kaufen. Der Konsum und der Besitz von Drogen sind nach wie vor illegal. Vergewissern Sie sich vor dem Besuch eines Coffeeshops, dass Sie die örtlichen Gesetze und Regeln kennen.

Essen und Essenszeiten

Das Frühstück (het ontbijt) besteht aus Brot mit Belag oder Müsli. Das niederländische Brot ist eher weich und luftig. Mittagessen (lunch) gibt es zwischen 12.00 und 13.30 Uhr. Das Abendessen (avondeten, warm eten) wird zwischen 17.00 und 20.00 Uhr eingenommen, im Süden meistens früher als im Westen. Das Mittagessen kann dem Frühstück sehr ähnlich sein.

Warme Mahlzeiten bestehen aus Kartoffeln, Gemüse, Fleisch oder Fisch. Aber natürlich werden auch oft Nudeln oder Reis nach italienischer, chinesischer oder indonesischer Art gegessen. Häufig schließt ein Dessert das Essen ab.

Zu Beginn einer Mahlzeit wünscht man einander „Smakelijk eten". Traditionelle niederländische Speisen sind Käse (kaas), Sirupwaffeln (stroopwafels), poffertjes (eine Art kleine Pfannkuchen), erwtensoep (Erbsensuppe), bitterballen (frittierte oder panierte Bällchen mit Rind- oder Kalbfleisch, die innen oft sehr heiß sind, wie eine Krokette), oliebollen (süße Krapfen zu Silvester), drop (allerlei Lakritznaschwerk), zoute haring (spezieller Hering), weißer Spargel (asperge) und verschiedene Arten stamppot (Kartoffelpüree gemischt mit verschiedenen Gemüsesorten und Wurst oder Speck).

Fahrrad

Das bevorzugte Transportmittel ist das Fahrrad. In den Großstädten sind die Fahrradwege während der Rushhour sehr stark befahren. In den Niederlanden lässt man sich weder von Wind und Wetter noch von zu transportierenden Kindern und Gegenständen beeindrucken, was die vielen selbst gebauten Konstruktionen an den Fahrrädern verdeutlichen. Fahrräder können an Bahnhöfen ausgeliehen werden. Niederländische Autofahrerinnen und Autofahrer sind daran gewöhnt, gut auf Fahrräder zu achten.

Feiertage

Im Allgemeinen haben die Niederlande die bekannten christlichen Feiertage. Mariä Himmelfahrt wird allerdings nicht gefeiert und auch nicht der 1. Mai, dafür aber der 5. Mai, der Tag der Befreiung (Ende des Zweiten Weltkriegs). Und dann gibt es noch **Sint-Maarten**, den Martinstag am 11. November, der im Süden des Landes mit einem Umzug für die Kinder begangen wird.

Am 27. April wird am **Koningsdag** der Geburtstag des Königs gefeiert. An diesem Tag gibt es an allen Ecken Flohmärkte, auf denen die Untertanen ohne Genehmigung jede Menge (gebrauchter oder selbst produzierter) Waren auf der Straße verkaufen. Daneben finden Open-Air-Aufführungen statt, und viele Menschen verkleiden sich – am liebsten in der Nationalfarbe **oranje**.

Ferien

Auch die niederländischen Kinder können sich über sechs Wochen Sommerferien (**zomervakantie** von Juli bis August) freuen. Die genauen Termine variieren je nach Region; es gibt die drei Gebiete Nord, Süd und Landesmitte, in welchen die Ferien jeweils in verschiedenen Wochen beginnen. Ferner bleiben die Schulen zu Weihnachten (**kerstvakantie**) für zwei Wochen sowie Mitte Oktober und Mitte Februar (Karneval) je für eine Woche geschlossen. Und dann gibt es im Mai noch eine oder zwei Wochen schulfrei, abhängig davon, wie die Feiertage fallen.

Geldautomat

Einen **pinautomaat** finden Sie in den Niederlanden an jeder Ecke und oft in Geschäften. Man kann in manchen Geschäften auch fragen „**Mag ik bijpinnen**“, woraufhin 20 oder 50 Euro auf den Kassenzettel gesetzt werden, die man dann bar an der Kasse erhält. Geld mit der Maestro-Karte abzuheben ist überhaupt kein Problem. Selbst in Orten ohne Banken gibt es Geldautomaten. In den Niederlanden ist es üblich, überall mit der Bankkarte zu bezahlen, auch Kleinstbeträge.

Geschwindigkeitsbeschränkungen

In den Niederlanden dürfen Sie in geschlossenen Ortschaften 50 km/h fahren, in sogenannten „Wohnhöfen" aber nur 20 km/h, was **stapvoets** genannt wird. Auf Landstraßen gilt 60 bis 80 km/h, abhängig von Kurven oder Siedlungen. Auf Schnellstraßen (**autowegen**) darf 100 km/h und auf Autobahnen (**snelwegen**) zwischen 06:00 und 19:00 100 km/h, zwischen 19:00 und 06:00 100, 120 oder 130 km/h gefahren werden. Für Pkw mit Anhänger und Wohnmobile mit einem Gewicht bis 3,5 Tonnen gelten 90 km/h auf Autobahnen, für schwerere gelten 80 km/h.

Karneval

Besonders in den südlichen Provinzen feiert man Karneval. Auch in einigen Orten im Osten des Landes wird gefeiert. Am Samstag gibt es ein Pyjamafest in der Kneipe oder Disco, aber offiziell fängt der Karneval am Sonntag mit einer „Bauernhochzeit" und dem Umzug an, bei dem aktuelle und politische Themen witzig und originell auf Wagen dargestellt werden. Man verkleidet sich, schminkt das Gesicht und trinkt das eine oder andere Bier. In Maastricht wird meist auf der Straße gefeiert. In den Kneipen geht der Umsatz während der Karnevalszeit steil nach oben, was nicht zuletzt am hohen Alkoholkonsum liegt. Es gibt spezielle Karnevalslieder, vor allem eigene Lieder im Dialekt; doch auch deutsche Schlager sind in den Niederlanden beliebt.

Kleidergröße
Schuhgrößen sind in den Niederlanden vergleichbar mit den deutschen Größen, während die Kleidergrößen etwas kleiner ausfallen können.

Königshaus
Die Niederlande sind eine parlamentarische Monarchie; seit 2013 regiert König Willem-Alexander. Er ist Prinz von Oranien-Nassau, Jonkheer van Amsberg und ist mit Königin Máxima verheiratet, mit der er drei Töchter hat.

Kulturelles
Sehenswürdigkeiten finden sich überall im Lande. Insbesondere Windmühlen sieht man noch an vielen Orten, wobei Kinderdijk für seine historischen Windmühlen sehr bekannt ist. Die Niederlande haben auch ihr eigenes „Venedig des Nordens", und zwar in Giethoorn. Nimwegen ist die älteste Stadt des Landes, was aber von Maastricht bestritten wird. Die Provinz Drenthe ist bekannt für ihre Hünengräber, und auch die Käsestadt Alkmaar ist einen Besuch wert.

Medikamente
Bestimmte rezeptfreie Medikamente, z. B. Schmerzmittel und Hustensäfte, die in Deutschland apothekenpflichtig sind, sind in den Niederlanden auch in Drogerien und Supermärkten erhältlich.

Müll
In den Niederlanden hat Recycling genauso an Bedeutung gewonnen wie hierzulande. Fast alle Gemeinden sammeln in getrennten Tonnen Papier, Altglas, Altkleidung und Schuhe. Dosen werden eigens entsorgt. Auch Biomüll und Gartenabfälle

(GFT) sowie Kunststoffverpackungen werden separat gesammelt. Die meisten Kunststoffflaschen haben Pfand, ebenso wie Bierflaschen aus Glas.

Notruf

Es gibt nur eine Notrufnummer für Polizei, Feuerwehr und Ambulanz: die 112. Es gibt zudem eine allgemeine Notrufnummer für weniger eilige Angelegenheiten: 0900 8844. Diese Nummer ist allerdings nicht kostenlos. Auf Landstraßen und Autobahnen finden Sie in regelmäßigen Abständen gelbe SOS-Telefone (praatpaal).

Öffnungszeiten

Die meisten Banken in den Niederlanden sind montags bis freitags von 9.00 oder 10.00 Uhr bis 16.00 oder 17.00 Uhr geöffnet. Große Filialen haben oft eine Abendöffnung und sind am Samstagvormittag geöffnet. Geschäfte in kleineren Städten können am Montag oder Dienstag den ganzen Tag geschlossen sein oder später öffnen. Normale Ladenöffnungszeiten sind 10.00 Uhr bis 17.30/19.00 Uhr. Eine Abendöffnung (koopavond) gibt es am Donnerstag in den größeren Städten und am Freitag in den umliegenden Orten. Supermärkte und Baumärkte sind häufig jeden Tag bis 21:00 oder 22:00 Uhr geöffnet.

Viele Gemeinden in den Niederlanden organisieren regelmäßig einen Einkaufssonntag (koopzondag), dieser findet oft am ersten oder letzten Sonntag im Monat und um die Feiertage herum statt. In vielen Stadtzentren dürfen die Geschäfte sogar jeden Sonntag geöffnet sein. Supermärkte öffnen zwischen 8.00 und 9.00 Uhr, die größeren haben meist länger geöffnet, manche bis 22.00 Uhr oder an Bahnhöfen sogar bis 24.00 Uhr.

Parken
Falschparken kann teuer werden, man sollte also immer auf die Beschilderung sowie gelbe Markierungen am Boden oder Bordstein achten. Eine einfache gelbe Linie bedeutet, dass nicht geparkt werden darf, das Auto darf noch nicht mal kurz zum Be- und Entladen stehen bleiben. Eine gestrichelte gelbe Linie bedeutet, dass zwar nicht geparkt, aber zumindest kurz angehalten werden darf. Auch beim Parken in Wohngebieten muss darauf geachtet werden, ob die Parkplätze für Anwohnerinnen und Anwohner mit Parkerlaubnis reserviert sind, da sonst Bußgelder anfallen oder sogar eine Parkkralle montiert wird.

Privatsphäre
In den Niederlanden leben so viele Leute auf engem Raum, dass die Privatsphäre viel kleiner ist als in anderen Ländern. Es ist deshalb normal, sich in der Kneipe oder im Biergarten (**terrasje**) zu Fremden zu setzen, wenn es noch freie Plätze gibt. Im Laden wird man über Sie hinweg nach einem Produkt greifen, statt zu warten, bis Sie fertig sind.

Post
Die klassischen Postämter sind immer weniger anzutreffen, stattdessen finden sich TNT-Servicezentren beispielsweise in Tabak- und Zeitschriftenläden oder Buch- und Schreibwarenhandlungen. Die Farbe der Briefkästen ist orange.

Rauchen
2008 trat ein Rauchverbot (**rookverbod**) in Kraft, dass in allen öffentlichen Bereichen und in der Gastronomie gilt. Seit 2022 sind auch Raucherräume und der Verkauf von Tabakwaren in der Gastronomie verboten und seit 2024 dürfen bei Supermärkten keine Tabakwaren mehr verkauft werden. In Zügen und auf Bahnsteigen ist das Rauchen ebenfalls verboten.

Tanken

Tanken in Deutschland ist in der Regel billiger. Bleifrei heißt loodvrij oder ongelood.

Telefon

Die Landesvorwahl aus den Niederlanden nach Deutschland lautet 0049, von Deutschland in die Niederlande 0031.

Trinkgeld

Trinkgelder sind in den Niederlanden genauso üblich wie in Deutschland und werden in Restaurants, Taxis und Cafés durchaus erwartet. Es ist üblich, zwischen 5 und 15 % zu geben, aber wie überall kann man die Höhe auch von der Qualität der Bedienung abhängig machen.

Wasser

Mineralwasser heißt spa rood oder spa blauw (ohne Kohlensäure). Leitungswasser wird gerne zum Essen getrunken, wobei gelegentlich in einer Gaststätte eine kleine Summe dafür in Rechnung gestellt wird. In der Kneipe darf man auch nach Leitungswasser fragen, aber das Personal sieht es natürlich lieber, wenn man noch etwas anderes dazu bestellt.

Anreise & Weiterreise

... die wichtigsten Sätze

Entschuldigung, wo ist ...?
Pardon, waar is ...?
par'dõ:, wa:r iß ...?

Wie komme ich nach ...?
Hoe kom ik naar ...?
hu kom ik na:r ...?

Ist das die Straße nach ...?
Is dit de weg naar ...?
is dit də wech na:r ...?
▸*Fragen nach dem Weg, S. 42*

Wann fährt ein Zug nach ...?
Hoe laat vertrekt er een trein naar ...?
hu la:t fərtrekt ər ən träin na:r ...?

Muss ich umsteigen?
Moet ik overstappen?
mut ik o:fərßtapə?

Was kostet eine Fahrkarte nach ...?
Wat kost een kaartje naar ...?
wat koßt ən ka:rtjə na:r ...?
▸*Auskunft und Fahrkarten, S. 33*

Ist dies der Zug nach ...?
Is dit de trein naar ...?
is dit də träin na:r ...?

Ist dieser Platz frei?
Is deze plaats nog vrij?
is de:sə pla:tß noch fräi?

Können Sie mir bitte helfen?
▸*Im Zug, S. 36*
Kunt u mij helpen, alstublieft?
könt ü: mäi helpə, alßtü:'bli:ft?

Sagen Sie mir bitte, wo ich aussteigen muss?
▸*Fernbus, S. 38*
Zegt u me alstublieft waar ik moet uitstappen?
secht ü: mə alßtü:'bli:ft wa:r ik mut öjtßtapə?

Ich möchte ein Auto mieten.
Ik wil graag een auto huren.
ik wil chra:ch ən auto: hü:rə.

Wie viel kostet das?
▸*Vermietung, S. 40*
Hoeveel kost dat?
hufe:l koßt dat?

Wo ist die nächste Tankstelle?
Waar is de dichtstbijzijnde benzinepomp?
wa:r is də 'dichßdbäisäində bensi:nəpomp?

Bitte volltanken.
▸*An der Tankstelle, S. 44*
Voltanken, alstublieft.
foltenkə, alßtü:'bli:ft.

Können Sie mir Starthilfe geben?
▸*Panne, S. 44*
Kunt u mij helpen starten?
könt ü: mäi helpə ßtartə?

Wo ist die nächste Werkstatt?
▸*In der Werkstatt, S. 47*
Waar is de dichtstbijzijnde garage?
wa:r is də 'dichßdbäisäində cha'ra:schə?

Einreise

Das könnten Sie hören:

◂Uw ..., alstublieft. — Ihren ..., bitte.
ü:u ..., alßtü:'bli:ft.

... paspoort — ... Pass
... paßpo:rt

... identiteitskaart — ... Personalausweis
... identitäitßka:rt

◂Uw paspoort is afgelopen.
ü:u paßpo:rt iß afchəlo:pə.
Ihr Pass ist abgelaufen.

◂Heeft u iets aan te geven?
he:ft ü: i:tß a:n tə che:fə?
Haben Sie etwas zu verzollen?

◂Dat moet u declareren.
dat mut ü: de:kla:re:rə.
Das müssen Sie verzollen.

◂Doet u de ... open, alstublieft.
dut ü: də ... o:pə, alßtü:'bli:ft.
Öffnen Sie bitte den ...

... kofferruimte — ... Kofferraum.
... kofəröjmtə

... koffer — ... Koffer.
... kofər

Weitere Wörter

Ausweis	**het legitimatiebewijs** le:chiti'ma:tßi:bəwäiß
EU-Bürger(in)	**de EU-burger** e:ü-börgər
Fahrzeugpapiere	**de autopapieren** auto:papi:rə
Familienname	**de achternaam** achtərna:m
Führerschein	**het rijbewijs** räibəwäiß
Grenze	**de grens** chrenß
gültig	**geldig** cheldəch
Impfpass	**het inentingsbewijs** inentingsbə'wäiß
internationaler Führerschein	**het internationaal rijbewijs** intərnaßjo:na:l räibəwäiß
Mehrwertsteuer	**de btw** be:te:'we:
Nationalitätskennzeichen	**het nationaliteitskenteken** naßjo:na:litäitßkente:kə
Nummer	**het nummer** nömər
Papiere	**de papieren** pa'pi:rə
Pass	**het paspoort** paßpo:rt
Personalausweis	**de identiteitskaart** identi'täitßka:rt
Quittung	**de kwitantie** kwi'tanßi:
Rechnung	**de rekening** re:kəning
Reisegruppe	**de reisgroep** räißgrup
Staatsangehörigkeit	**de nationaliteit** naßjo:nalitäit
ungültig	**ongeldig** on'cheldəch
Unterschrift	**de handtekening** hante:kəning
grüne Versicherungskarte	**de groene verzekeringskaart** chrunə fərse:kəringßka:rt
verzollen	**declareren** de:kla:re:rə
Wohnort	**de woonplaats** wo:mpla:tß
Zoll	**de douane** du'a:nə
Zollerklärung	**de declaratie** de:kla'ra:tßi:

Gepäck

Ich möchte mein Gepäck ...	**Ik wil graag mijn bagage ...** ik wil chra:ch mən ba'chaschə ...
... hierlassen.	**... hier laten staan.** ... hi:r la:tə ßta:n.
... abholen.	**... ophalen.** ... oph:alə.
Mein Gepäck ist (noch) nicht angekommen.	**Mijn bagage is (nog) niet aangekomen.** mən ba'cha:schə iß (noch) ni:t a:nchəko:mə.
Wo ist mein Gepäck?	**Waar is mijn bagage?** wa:r iß mən ba'cha:schə?
Mein Koffer ist beschädigt worden.	**Mijn koffer is beschadigd.** mən kofər iß bəßcha:dəcht.
An wen kann ich mich wenden?	**Wie kan ik vragen?** wi: kan ik fra:chə?

Weitere Wörter

aufgeben *(Gepäckaufbewahrung)*	**bagage stallen** ba'cha:schə ßtalə
aufgeben *(Flugzeug)*	**bagage inchecken** ba'cha:schə intschekə
Gepäckannahme	**het bagagebureau** ba'cha:schəbü:ro:
Gepäckaufbewahrung	**het bagagedepot** ba'cha:schəde:po:
Gepäckausgabe	**de afgifte van bagage** afchiftə fan ba'cha:schə
Gepäckschein	**het bagagebewijs** ba'cha:schəbəwäiß
Handgepäck	**de handbagage** handba'cha:schə
Koffer	**de koffer** 'kofər
Koffergurt	**de kofferriem** 'kofəri:m
Reisetasche	**de reistas** räißtaß

Rollkoffer	**de rolkoffer** 'rolkofər
Rucksack	**de rugzak** röchßak
Schließfach	**de kluis** klöjß
Übergepäck	**de overbagage** o:fərba'cha:schə

Flugzeug

Wo ist der Schalter der Fluggesellschaft ...?	**Waar is de balie van de luchtvaartmaatschappij ...?** wa:r is də ba:li: fan də 'löchtfa:rtma:tßcha'päi ...?
Können Sie mir am Check-in-Automaten helfen?	**Kunt u me aan de check-in-kiosk helpen?** könt ü: mə a:n də tschek-in-kiosk helpə?
Wann fliegt die nächste Maschine nach ...?	**Hoe laat vertrekt het volgende vliegtuig naar ...?** hu la:t f ərtrekt hət folchəndə fli:chtöjch na:r ...?
Sind noch Plätze frei?	**Zijn er nog plaatsen vrij?** säin ər noch pla:tßə fräi?
Wie viel kostet ein Flug nach ...?	**Hoeveel kost een vlucht naar ...?** hufe:l koßt ən flöcht na:r ...?
Bitte ein Flugticket ...	**Een ticket ..., alstublieft.** ən tikət ..., alßtü:'bli:ft.
... einfach.	**... enkel** ... enkəl
... hin und zurück.	**... retour** ... rətu:r
... Economyclass.	**... economy class** ... ekonəmi kla:ß
... Businessclass.	**... business class** ... bisnəß kla:ß

Ich hätte gern einen ...	**Ik had graag een zitplaats ...** ik hat chra:ch ən sitpla:tß ...
... Fensterplatz.	**... bij het raam.** ... bäi hət ra:m.
... Platz am Gang.	**... aan de gang.** ... a:n de chang.
Kann ich das als Handgepäck mitnehmen?	**Mag ik dit als handbagage meenemen?** mach ik dit als handba'cha:schə 'me:ne:mə?
Kann ich meinen (zusammenklappbaren) Rollstuhl mitnehmen?	**Kan ik mijn (opvouwbare) rolstoel meenemen?** kan ik mən (opfauba:rə) rolßtul me:ne:mə?
Ich möchte meinen Flug ...	**Ik wil graag mijn vlucht ...** ik wil chra:ch mən flöcht ...
... stornieren.	**... annuleren.** ... anü:le:rə.
... umbuchen.	**... omboeken.** ... ombukə.

Weitere Wörter

Abflug	**het vertrek** fərtrek
Ankunft	**de aankomst** a:nkomßt
Anschlussflug	**de aansluitende vlucht** a:nßlöjtəndə flöcht
Ausgang	**de uitgang** öjtchang
(mobile) Bordkarte	**de (mobiele) instapkaart** (mobi:lə) inßtapka:rt
elektronisches Ticket	**het elektronisch ticket** e:lek'tro:niß tiket
Flug	**de vlucht** flöcht
Flughafen	**de luchthaven** löchtha:fə
Flughafenbus	**de luchthavenbus** löchtha:fəböß

Flughafengebühr	**de luchthavenbelasting** löchtha:fəbəlaßting
Flugzeit	**de vliegtijd** fli:chtäit
Flugzeug	**het vliegtuig** fli:chtöjch
Kindersicherheitsgurt	**de kinderveiligheidsgordel** 'kindər'fäiləchäitßchordəl
Landung	**de landing** landing
Pilot(in)	**de piloot/pilote** pilo:t/pilotə
Rückflug	**de retourvlucht** rətu:rflöcht
Schalter	**de balie** ba:li:
Spucktüte	**het zakje** sakjə
Ticket	**het ticket** tikət
Verspätung	**de vertraging** fərtra:ching
Zwischenlandung	**de tussenstop** tößəßtop

Zug

Auskunft und Fahrkarten

Wo finde ich ...	**Waar vind ik ...** wa:r fint ik ...
... die Gepäckaufbewahrung?	**... het bagagedepot?** ... hət ba'cha:schəde:po:?
... die Schließfächer?	**... de bagagekluizen?** ... də ba'cha:schəklöjse?
Wann fährt ein Zug nach ...?	**Hoe laat vertrekt er een trein naar ...?** hu la:t fərtrekt ər ən träin na:r ...?
Wann fährt der nächste Zug nach ...?	**Hoe laat vertrekt de volgende trein naar ...?** hu la:t fərtrekt də folchəndə träin na:r ...?
Wann ist er in ...?	**Hoe laat is hij in ...?** hu la:t iß häi in ...?

Muss ich umsteigen?	**Moet ik overstappen?** mut ik o:fərßtapə?
Von welchem Gleis fährt der Zug nach ...?	**Op welk spoor vertrekt de trein naar ...?** op welk ßpo:r fərtrekt də träin na:r ...?
Was kostet eine Fahrkarte nach ...?	**Wat kost een kaartje naar ...?** wat koßt ən ka:rtjə na:r ...?
Gibt es eine Ermäßigung für ...?	**Is er korting voor ...?** iß ər korting fo:r ...?
Bis zu welchem Alter fahren Kinder umsonst?	**Tot welke leeftijd rijden kinderen gratis mee?** tot welkə le:ftäit räidə kindərə chra:tiß me:?
Ist dieser Zug zuschlagpflichtig?	**Is voor deze trein een toeslag verplicht?** iß fo:r de:sə träin ən tußlach fərplicht?
Bitte eine Karte ...	**Een kaartje ..., alstublieft.** e:n ka:rtjə ..., alßtü:'bli:ft.
... einfach.	**... enkel** ... enkəl
... hin und zurück.	**... retour** ... rətu:r
... erster Klasse.	**... eerste klas** ... e:rßtə klaß
... zweiter Klasse.	**... tweede klas** ... twe:də klaß
... für Kinder.	**... voor kinderen** ... fo:r kindərə
Bitte zwei Karten nach ...	**Twee kaartjes naar ..., alstublieft.** twe: ka:rtjəß na:r ..., alßtü:'bli:ft.
Eine Tagesrückfahrkarte nach ..., bitte.	**Een dagretour naar ..., alstublieft.** ən dachrətu:r na:r ..., alßtü:'bli:ft.

Bitte eine Platzkarte für den Zug um ... Uhr nach ...	Een kaartje alstublieft voor de trein van ... uur naar ...	ən ka:rtjə alßtü:'bli:ft fo:r də träin fan ... ü:r na:r ...
Ich hätte gerne einen Platz ...	Ik wil graag een plaats ...	ik wil chra:ch ən pla:tß ...
... am Fenster.	... bij het raam.	... bäi ət ra:m.
... am Gang.	... aan de gang.	... a:n də chang.
... im Abteil.	... in een coupé.	... in ən kupe:.
... im Großraumwagen.	... in een doorgaande coupé.	... in ən do:rcha:ndə kupe:.
Gibt es ein Kinderabteil?	Is er een kindercoupé?	iß ər ən kindərkupe:?
Gibt es im Zug etwas zu essen und zu trinken?	Kan ik in de trein iets kopen om te eten en te drinken?	kan ik in də träin i:tß ko:pə om tə e:tə en tə drinkə?
Ich möchte mein Fahrrad mitnehmen.	Ik wou graag mijn fiets meenemen.	ik wau chra:ch mən fi:tß 'me:ne:mə.

Auf dem Bahnhof

Bagage	Gepäck
Bagagebureau	Gepäckannahme
Bagagedepot	Gepäckaufbewahrung
Douches	Duschen
Drinkwater	Trinkwasser
Geen drinkwater	Kein Trinkwasser
Inlichtingen	Auskunft
Kluizen	Schließfächer

Naar de perrons	Zu den Bahnsteigen
Spoor	Gleis
Stationsrestauratie	Bahnhofsgaststätte
Uit(gang)	Ausgang
Wachtkamer	Wartesaal
Wasruimtes	Waschräume

Im Zug

Ist dies der Zug nach ...?	Is dit de trein naar ...? is dit də träin na:r ...?
Ist dieser Platz frei?	Is deze plaats nog vrij? is de:sə pla:tß noch fräi?
Entschuldigen Sie, das ist mein Platz.	Pardon, dit is mijn plaats. par'dõ:, dit iß mäin pla:tß.
Können Sie mir bitte helfen?	Kunt u mij helpen, alstublieft? könt ü: mäi helpə, alßtü:'bli:ft?
Wie lange haben wir Aufenthalt?	Hoe lang blijven wij hier staan? hu lang bläifə wə hi:r ßta:n?
Darf ich das Fenster ...	Mag ik het raam ... mach ik ət ra:m ...
... öffnen?	... openen? ... o:pənə?
... schließen?	... dichtdoen? ... dichdu:n?
Wie viele Stationen sind es noch bis ...?	Hoeveel stations zijn het nog tot ...? hufe:l ßtaßjonß ßäin ət noch tot ...?
Erreiche ich den Zug nach ... noch?	Haal ik nog de trein naar ...? ha:l ik noch də träin na:r ...?
Könnten Sie mir beim Aussteigen helfen?	Kunt u mij helpen uitstappen? könt ü: mäi helpə öjtßtapə?

Weitere Wörter

Abfahrt	het vertrek fərtrek
Abteil	de coupé ku'pe:
ankommen	aankomen a:nko:mə
Ankunft	de aankomst a:nkomßt
Anschluss	de aansluiting a:nßlöjting
Ausgang	de uitgang öjtchang
aussteigen	uitstappen öjtßtapə
Bahnhof	het station ßtaßjon
Bahnsteig	het perron pe'ron
besetzt	bezet bəset
einsteigen	instappen inßtapə
Fahrplan	de dienstregeling di:nßtre:chəling
Fahrpreis	het tarief tari:f
Fensterplatz	de plaats aan het raam pla:tß a:n ət ra:m
Gepäckwagen	de bagagewagen ba'cha:schəwa:chə
Gleis	het spoor ßpo:r
Klasse	de klas klaß
Liegewagen	het ligrijtuig 'lichräitöjch
Platz	de plaats pla:tß
reserviert	gereserveerd chəre:serfe:rt
Schaffner(in)	de conducteur/-trice kondök'tö:r/-trisə
Schlafwagen	de slaapwagen ßla:pwa:chə
Schließfächer	de kluizen klöjsə
Speisewagen	de restauratiewagen reßto:ra:ßi:wa:chə
umsteigen	overstappen o:fərßtapə
Waggon	de wagon wachon
Zuschlag	de toeslag tußlach

Fernbus

Von wo fahren die Fernbusse nach ... ab?	Waar vertrekken de bussen naar ...? wa:r fərtrekə də bößə na:r ...?
Wie komme ich zum Busbahnhof?	Hoe kom ik bij het busstation? hu kom ik bäi ət bößtaßjon?
Wann fährt der nächste Bus nach ...?	Hoe laat vertrekt de volgende bus naar ...? hu la:t fərtrekt də folchəndə böß na:r ...?
Bitte eine Karte nach ...	Naar ... alstublieft een kaartje. na:r ... alßtü:'bli:ft ən ka:rtjə.
Bitte zwei Karten nach ...	Naar ... alstublieft twee kaartjes. na:r ... alßtü:'bli:ft twe: ka:rtjəs.
Ist dies der Bus nach ...?	Rijdt deze bus naar ...? räit de:sə böß na:r ...?
Wie lange dauert die Fahrt?	Hoe lang duurt de rit? hu lang dü:rt də rit?
Wie lange haben wir Aufenthalt?	Hoe lang blijven we hier staan? hu lang bläifə wə hi:r ßta:n?
Ist ... die Endhalte-stelle?	Is ... het eindstation? iß ... ət äintßtaßjon?
Sagen Sie mir bitte, wo ich aussteigen muss?	Zegt u me alstublieft waar ik moet uitstappen? secht ü: mə alßtü:'bli:ft wa:r ik mut öjtßtapə?

Schiff

Wann geht das nächste Schiff nach ...?	**Hoe laat gaat de volgende boot naar ...?** hu la:t cha:t də folchəndə bo:t na:r ...?
Wann geht die nächste Fähre nach ...?	**Hoe laat gaat de volgende veerboot naar ...?** hu la:t cha:t də folchəndə fe:rbo:t na:r ...?
Wie lange dauert die Überfahrt nach ...?	**Hoe lang duurt de vaart naar ...?** hu lang dü:rt də fa:rt na:r ...?
Wann legen wir in ... an?	**Hoe laat leggen we in ... aan?** hu la:t lechə wə in ... a:n?
Wann müssen wir an Bord sein?	**Hoe laat moeten we op de boot zijn?** hu la:t mutə wə ob də bo:t ßäin?
Ich möchte mein Auto mitnehmen.	**Ik wou graag mijn auto meenemen.** ik wau chra:ch mən auto: me:ne:mə.
Bitte eine Schiffskarte nach ...	**Een scheepskaart naar ..., alstublieft.** ən ßche:pßka:rt na:r ..., alßtü:'blift.
Eine Karte für die Rundfahrt um ... Uhr bitte.	**Ik had graag een kaartje voor de rondvaart om ... uur.** ik hat chra:ch ən ka:rtjə fo:r də rontfa:rt om ... ü:r.
An welcher Anlegestelle liegt die ...?	**Aan welke aanlegplaats ligt de ...?** a:n welkə a:nlechpla:tß licht də ...?
Ich suche die Kabine Nummer ...	**Ik zoek hut nummer ...** ik ßuk höt nömər ...
Haben Sie ein Mittel gegen Seekrankheit?	**Heeft u een middel tegen zeeziekte?** he:ft ü: ən midəl te:chə se:si:ktə?

Weitere Wörter

Anlegestelle	de aanlegplaats a:nlechpla:tß
Autofähre	het autoveer auto:fe:r
Decke	het plafond pla'fon
Kapitän(in)	de kapitein kapitäin
Küste	de kust kößt
Liegestuhl	de ligstoel lichßtul
Luftkissenboot	de hovercraft hu:fərkra:ft
Rettungsboot	de reddingsboot redingsbo:t
Rettungsring	de reddingsboei redingsbui
Rundfahrt	de rondvaart rontfa:rt
Schiff	het schip ßchip
Schiffsagentur	de scheepsagentuur ßche:pßachentü:r
Schwimmweste	het zwemvest swemfeßt
Seegang	de zeegang se:chang
Sonnendeck	het zonnedek sonədek
Überfahrt	de overtocht o:fərtocht

Auto & Motorrad

Vermietung

Ich möchte ... mieten.	Ik wil graag ... huren. ik wil chra:ch ... hü:rə.
... ein Auto (mit Automatik)	... een auto (met automaat) ... ən auto: (met auto:ma:t)
... einen Geländewagen	... een terreinwagen ... ən teräinwa:chə
... ein Motorrad	... een motor ... ən mo:tər
... ein Wohnmobil	... een camper ... ən kempər

Das könnten Sie hören:
◂ Kan ik uw (internationaal) rijbewijs zien, alstublieft?
kan ik ü:u (intərnaßjo:na:l) räibewäiß ßi:n, alßtü:'bli:ft?
Könnte ich bitte Ihren (internationalen) Führerschein sehen?

Ich möchte es für ... mieten.	Ik wil hem graag voor ... huren. ik wil əm chra:ch fo:r ... hü:rə.
... einen Tag	... een dag ... e:n dach
... eine Woche	... een week ... e:n we:k
Ich hätte gern einen Wagen mit Navi.	Ik wil graag een auto met navigatie. ik wil chra:ch ən auto: met naficha:ßi.
Wie viel kostet das?	Hoeveel kost dat? hufe:l koßt dat?
Wie viele Kilometer sind im Preis enthalten?	Hoeveel kilometers zijn in de prijs inbegrepen? hufe:l ki:lo:me:tərß ßäin in də präiß inbəchre:pə?
Was muss ich tanken?	Welke brandstof gebruikt deze auto? welkə brantßtof chəbröjkt de:sə auto:?
Ist eine Vollkasko-versicherung eingeschlossen?	Is een all-riskverzekering inbegrepen? iß ən a:lrißkfərse:kəring inbəchre:pə?
Kann ich das Auto auch in ... abgeben?	Kan ik de auto ook in ... afgeven? kan ik də auto: o:k in ... afche:fə?
Bis wann muss ich zurück sein?	Hoe laat moet ik terug zijn? hu la:t mut ik təröch ßäin?
Haben Sie einen Kinderautositz?	Heeft u ook een kinderzitje? he:ft ü: o:k ən kindərsitjə?

Info

In Belgien und in den Niederlanden sind einige wenige größere Tunnel und Brücken gebührenpflichtig. Auf den Verkehrsschildern ist dies rechtzeitig durch die Angabe TOL (Mautstelle) gekennzeichnet.

Bitte geben Sie mir einen Sturzhelm.	Geeft u mij een valhelm, alstublieft. che:ft ü: mäi ən falhelm, alßtü:'bli:ft.
Haben Sie eine Straßenkarte?	Heeft u een wegenkaart? he:ft ü: ən we:chəka:rt?

Fragen nach dem Weg

Entschuldigung, wo ist ...?	Pardon, waar is ...? par'dõ:, wa:r iß ...?
Wie komme ich nach ...?	Hoe kom ik naar ...? hu kom ik na:r ...?
Können Sie mir das auf der Karte zeigen?	Kunt u mij dat op de kaart laten zien? könt ü: mäi dat op də ka:rt la:tə si:n?
Wie viele Minuten sind es mit dem Auto?	Hoeveel minuten zijn het met de auto? hufi:l minü:tə säin ət met də auto:?
Wie weit ist es?	Hoe ver is het? hu fer is ət?
Ist das die Straße nach ...?	Is dit de weg naar ...? is dit də wech na:r ...?

Wie komme ich zur Autobahn nach ...? | **Hoe kom ik op de snelweg naar ...?**
hu kom ik ob də ßnelwech na:r ...?

▸ *Orts- und Richtungsangaben, S. 119*

Das könnten Sie hören:

◂**Het spijt me, dat weet ik niet.**
ət ßpäit mə, dat we:t ik ni:t.
Tut mir leid, das weiß ich nicht.

◂**De eerste straat ...** Die erste Straße ...
də e:rßtə ßtra:t ...
... links. ... lingß. ... links.
... rechts. ... rechß. ... rechts.

◂**De tweede straat ...** Die zweite Straße ...
də twe:də ßtra:t ...
... links. ... lingß. ... links.
... rechts. ... rechß. ... rechts.

◂**Bij het volgende stoplicht ...**
bäi ət folchəndə ßtoplicht ...
An der nächsten Ampel ...

◂**Bij het volgende kruispunt ...**
bäi ət folchəndə kröjßpönt ...
An der nächsten Kreuzung ...

◂**Dan vraagt u het nog een keer.**
dan fra:cht ü: ət noch ən ke:r.
Dann fragen Sie noch einmal.

An der Tankstelle

Wo ist die nächste Tankstelle?	**Waar is de dichtstbijzijnde benzinepomp?** wa:r is də 'dichßdbäisäində bensi:nəpomp?
Wo gibt es eine Ladestation für Elektrofahrzeuge?	**Waar is de dichtstbijzijnde laadpaal voor elektroauto's?** wa:r is də dichßdbäisäində 'la:tpa:l vo:r elektroautos?
Wie weit ist es zur nächsten Tankstelle?	**Hoe ver is de dichtstbijzijnde benzinepomp?** hu fer is də 'dichßdbäisäində bensi:nəpomp?
Bitte volltanken.	**Voltanken, alstublieft.** foltenkə, alßtü:'bli:ft.
Bitte für ... Euro ...	**Voor ... euro ..., alstublieft.** fo:r ... ö:ro: ..., alßtü:'bli:ft.
... Benzin bleifrei.	**... loodvrije benzine** ... lo:tfräiə bensi:nə
... Super bleifrei.	**... super loodvrij** ... ßü:pər lo:tfräi
... Super Plus.	**... super plus** ... ßü:pər plös
... Diesel.	**... diesel** ... di:səl
... Zweitaktmischung.	**... mengsmering** ... mengßme:ring
Bitte einen Ölwechsel.	**Olie verversen, alstublieft.** o:li: fərferßə, alßtü:'bli:ft.

Panne

Ich habe kein Benzin mehr.	**Ik heb geen benzine meer.** ik hep che:n bensi:nə me:r.
Ich habe eine ...	**Ik heb ...** ik hep ...

... Reifenpanne.	**... bandenpech.** ... bandəpech.
... Motorpanne.	**... motorpech.** ... mo:torpech.
Können Sie mir Starthilfe geben?	**Kunt u mij helpen starten?** könt ü: mäi helpə ßtartə?
Können Sie ...	**Kunt u ...** könt ü: ...
... mich ein Stück mitnehmen?	**... me een stukje meenemen?** ... mə ən ßtökjə me:ne:mə?
... meinen Wagen abschleppen?	**... mijn wagen wegslepen?** ... mən wa:chə wechßle:pə?
... mir einen Abschleppwagen schicken?	**... me een takelwagen sturen?** ... mə ən ta:kəlwa:chə ßtü:rə?
Können Sie mir bitte ... leihen?	**Kunt u mij ... lenen, alstublieft?** könt ü: mäi ... le:nə, alßtü:'bli:ft?
Können Sie mir bitte helfen?	**Kunt u me helpen, alstublieft?** könt ü: mə helpə, alßtü'blift?

Info

In den Niederlanden steht statt der im Alltag üblichen Städtebezeichnung **Den Haag** auf Wegweisern manchmal der offizielle Städtename **'s-Gravenhage**. Statt der alltäglichen Bezeichnung **Den Bosch** wird auf Schildern immer **'s-Hertogenbosch** (Herzogenbusch) angegeben.
In der offiziell zweisprachigen Provinz Friesland steht neben der niederländischen Bezeichnung meistens auch der friesische Name, z. B. **Leeuwarden** und friesisch **Ljouwert**.
Im dreisprachigen Belgien ist die Lage erst recht kompliziert: Jeder Landesteil (außer dem zweisprachigen in und um Brüssel) verwendet die Bezeichnungen in der eigenen Sprache.

Werkzeug und Flickzeug

Draht	de draad dra:t
Kabel	de kabel ka:bəl
Kreuzschlüssel	de kruissleutel kröjßlö:təl
Schmirgelpapier	het schuurpapier ßchü:rpapi:r
Schraube	de schroef ßchruf
Schraubenschlüssel	de schroefsleutel ßchrufßlö:təl
Schraubenzieher	de schroevendraaier ßchrufədra:jər
Trichter	de trechter trechtər
Wagenheber	de krik krik
Werkzeug	het gereedschap chəre:tßchap
Zange	de tang tang

Unfall

Rufen Sie bitte schnell …	Roept u vlug … rupt ü: flöch …
… einen Kranken-wagen!	… een ambulance! … ən ambü:lã:ß!
… die Polizei!	… de politie! … də po:li:ßi:!
… die Feuerwehr!	… de brandweer! … də brantwe:r!
Es ist ein Unfall passiert!	Er is een ongeluk gebeurd! er iß ən onchəlök chəbö:rt!
… Personen sind (schwer) verletzt.	… personen zijn (zwaar) gewond. … pərßo:nə säin (swa:r) chəwont.
Bitte helfen Sie mir.	Helpt u mij, alstublieft. helpt ü: mäi, alßtü:'bli:ft.

Ich brauche Verbandszeug.	**Ik heb verbandmateriaal nodig.** ik hep fərbantmatərja:l no:dəch.
Es ist nicht meine Schuld.	**Het is niet mijn schuld.** ət iß ni:t mäin ßchölt.
Ich möchte, dass wir die Polizei holen.	**Ik wil dat we de politie erbij halen.** ik wil dat wə də po:li:ßi: erbäi ha:lə.
Ich hatte Vorfahrt.	**Ik had voorrang.** ik hat fo:rang.
Sie sind zu dicht aufgefahren.	**U hebt te dicht achterop gereden.** ü: hept tə dicht achtərop chəre:də.
Sie sind zu schnell gefahren.	**U hebt te snel gereden.** ü: hept tə ßnel chəre:də.
Bitte geben Sie mir Ihre Versicherung und Ihre Versicherungsnummer.	**Geeft u mij uw verzekering en verzekeringnummer, alstublieft.** che:ft ü: mäi ü:u fərse:kəring en fərse:kəringnömər, alßtü:'bli:ft.
Geben Sie mir Ihren Namen und Ihre Adresse?	**Geeft u mij uw naam en adres?** che:ft ü: mäi ü:u na:m en adreß?
Können Sie eine Zeugenaussage machen?	**Kunt u een getuigenverklaring afleggen?** könt ü: ən chətöjchəfərkla:ring aflechə?

In der Werkstatt

Wo ist die nächste Werkstatt?	**Waar is de dichtstbijzijnde garage?** wa:r is də 'dichßdbäisäində cha'ra:schə?
Mein Auto steht (an der Straße nach) ...	**Mijn auto staat (op de weg naar) ...** mäin auto: ßta:t (op də wech na:r) ...

Können Sie ihn abschleppen?	**Kunt u hem wegslepen?** könt ü: hem wechßle:pə?
Können Sie mal nachsehen?	**Kunt u eens kijken?** könt ü: əns käikə?
Die Bremse funktioniert nicht.	**De rem werkt niet.** də rem werkt ni:t.
Der Blinker funktioniert nicht.	**Het knipperlicht werkt niet.** ət knipərlicht werkt ni:t.
... funktioniert nicht.	**... werkt niet.** ... werkt ni:t.
Mein Auto springt nicht an.	**Mijn auto start niet.** mən auto: ßtart ni:t.
Die Batterie ist leer.	**De accu is leeg.** də 'akü: iß le:ch.
Der Motor ...	**De motor ...** də mo:tor ...
... klingt merkwürdig.	**... maakt een raar geluid.** ... ma:kt ən ra:r chəlöjt.
... zieht nicht.	**... trekt niet.** ... trekt ni:t.
Kann ich mit dem Auto noch fahren?	**Kan ik nog met de auto rijden?** kan ik noch met də auto: räidə?
Machen Sie bitte nur die nötigsten Reparaturen.	**Doet u alleen de hoogstnodige reparaties, alstublieft.** dut ü: ale:n də ho:chßtno:dəchə re:para:ßi:ß, alßtü:'bli:ft.
Wie viel wird die Reparatur ungefähr kosten?	**Hoeveel zal de reparatie ongeveer gaan kosten?** hufe:l sal də re:para:ßi: onchəfe:r cha:n koßtə?

Wann ist es fertig? **Wanneer is het klaar?** wane:r is ət kla:r?

Weitere Wörter

Abschleppseil	**de sleepkabel** ßle:pka:bəl
Abschleppwagen	**de takelwagen** ta:kəlwa:chə
Achse	**de as** aß
Anlasser	**de startmotor** ßtartmo:tər
Auffahrunfall	**de kop-staartbotsing** 'kop-'ßta:rdbotßing
Auspuff	**de uitlaat** öjtla:t
auswechseln	**wisselen** wißələ
Auto	**de auto** auto:
Autobahn	**de snelweg** ßnelwech
Autobahnauffahrt	**de oprit (naar de snelweg)** oprit (na:r də ßnelwech)
Autoschlüssel	**de autosleutel** auto:ßlö:təl
Batterie	**de batterij** batəräi
Benzinkanister	**de benzinebus** bensi:nəböß
Blinklicht	**het knipperlicht** knipərlicht
Bremse	**de rem** rem
Bremsflüssigkeit	**de remolie** 'rem-o:li:
Bremslicht	**het remlicht** remlicht
Dichtung	**de pakking** paking
Ersatzreifen	**de reserveband** re:serfəbant
Ersatzteil	**het reserveonderdeel** re:serfə-ondərde:l
fahren *(ein Auto steuern)*	**rijden** räidə
Feuerlöscher	**de brandblusser** brandblößər
Frostschutzmittel	**het anti-vriesmiddel** antifri:ßmidəl

Führerschein	het rijbewijs räibəwäiß
Gang	de versnelling fərßneling
Gepäckträger	de bagagedrager ba'cha:schədra:chər
Getriebe	de versnellingsbak fərßnelingsbak
Glühbirne	de gloeilamp chluilamp
Handbremse	de handrem hantrem
Heizung	de verwarming fərwarming
Helm	de valhelm falhelm
Hupe	de claxon klak'ßon
kaputt	kapot kapot
Katalysator	de katalysator katalisa:tor
Keilriemen	de V-snaar fe:ßna:r
Kfz-Schein	het kentekenbewijs kente:kənbəwäiß
Kilometer	de kilometer ki:lo:me:tər
Kindersitz	het kinderzitje kindərsitjə
Klimaanlage	de airconditioning ä:rkondischəning
Kotflügel	het spatbord ßpadbort
Kreisverkehr	het rondgaand verkeer rontcha:nt fərke:r
Kühler	de radiator radija:tor
Kühlwasser	het koelwater kulwa:tər
Kupplung	de koppeling kopəling
Kurve	de bocht bocht
Lack	de lak lak
Landstraße	de provinciale weg pro:finßja:lə wech
Leerlauf	de vrijloop fräilo:p
Lenkung	de stuurinrichting ßtü:rinrichting
Licht	het licht licht
Lichtmaschine	de dynamo dina:mo:
Luftfilter	de luchtfilter löchtfiltər
Maut(stelle)	de tol (het tolhuisje) tol (tolhöjschə)
Motor	de motor mo:tər
Motorhaube	de motorkap mo:tərkap
Motoröl	de motorolie mo:təro:li:

Motorrad .... de motor mo:tər
Navigationssystem .... het navigatiesysteem nafi'cha:tßi-ßißte:m
Ölwechsel .... de olie verversen o:li: fərferßə
parken .... parkeren parke:rə
Parkhaus .... de parkeergarage parke:rchara:schə
Parkplatz .... het parkeerterrein parke:rteräin
Parkscheibe .... de parkeerschijf parke:rßchäif
Parkuhr .... de parkeermeter parke:rme:tər
Parkverbot .... het parkeerverbod parke:rfərbot
Rad .... het wiel wi:l
Raststätte .... het wegrestaurant wechreßto:rã:
Reifen .... de band bant
Reifendruck .... de bandenspanning bandəßpaning
Reparatur .... de reparatie re:para:ßi:
reparieren .... repareren re:pare:rə
Reservereifen .... de reserveband re:serfəbant
Rücklicht .... het achterlicht achtərlicht
Rückspiegel .... de achteruitkijkspiegel achtər'öjtkäikßpi:chəl
Scheibenwischer .... de ruitenwisser röjtəwißər
Scheibenwischerblätter .... de ruitenwisserbladen röjtəwißərbla:də
Scheinwerfer .... de koplamp koplamp
Schiebedach .... het schuifdak schöjfdak
Schneeketten .... de sneeuwkettingen ßne:uketingə
Schutzbrief .... de reis- en kredietbrief räiß- en kredi:dbri:f
Sicherheitsgurt .... de veiligheidsgordel fäiləchäitßchordəl
Sicherung .... de zekering se:kəring
Spiegel .... de spiegel ßpi:chəl
Starter .... de startmotor ßtartmo:tər
Starthilfekabel .... de startkabel ßtartka:bəl

Stau	**file** 'fi:lə
Stoßdämpfer	**de schokbreker** ßchokbre:kər
Stoßstange	**de bumper** bömpər
Tachometer	**de snelheidsmeter** ßnelhäitßme:tər
Tankstelle	**de benzinepomp** bensi:nəpomp
Unfall	**het ongeluk** onchəlök
Unfallprotokoll	**het ongevallenrapport** 'onchəfalərapport
Ventil	**het ventiel** fenti:l
Verbandskasten	**de verbandtrommel** fərbantroməl
Vergaser	**de carburator** karbü:'ra:tor
Vorfahrt	**de voorrang** fo:rang
Warndreieck	**de gevarendriehoek** chəfa:rədri:huk
Werkstatt	**de garage** chara:schə
Wohnmobil	**de camper** kempər
Zeuge/Zeugin	**de getuige** chətöjchə
Zündkabel	**de bougiekabel** bu'schi:ka:bəl
Zündkerze	**de bougie** bu'schi:
Zündung	**de ontsteking** ontßte:king
Zusammenstoß	**de botsing** botßing

Erste Kontakte

... die wichtigsten Sätze

Guten Tag!	**Goedendag!**	chuiədach!
Guten Abend!	**Goedenavond!**	chuiəna:fənt!
Hallo!	**Hallo!**	halo:!
Tschüs!	**Dag!**	da:ch!
Wie geht's?	**Hoe gaat het?**	hu cha:t ət?
Danke, gut. ▸*Sich begrüßen, S. 57*	**Goed, dank u.**	chut, dank ü:.
Wie heißen Sie?	**Hoe heet u?**	hu he:t ü:?
Ich heiße ...	**Ik heet ...**	ik he:t ...
Treffen wir uns heute Abend?	**Zien we elkaar vanavond?**	si:n wə elka:r fa'na:fənt?
Sehr gerne.	**Heel graag.**	he:l chra:ch.
Vielleicht.	**Misschien.**	mə'ßchi:n
Es tut mir leid, aber ich kann nicht. ▸*Sich kennenlernen, S. 58*	**Het spijt me, maar ik kan niet.**	ət ßpäit mə, ma:r ik kan ni:t.
Sprechen Sie Deutsch?	**Spreekt u Duits?**	ßpre:kt ü: döjtß?

Haben Sie verstanden?
Heeft u het begrepen?
he:ft ü: ət bəchre:pə?

Ich habe das nicht verstanden.
Ik heb het niet begrepen.
ik hep ət ni:t bəchre:pə.

Sprechen Sie bitte etwas langsamer.
▸*Sich verständigen, S. 56*
Spreekt u wat langzamer, alstublieft.
ßpre:kt ü: wat langsa:mər, alßtü:'bli:ft.

Vielen Dank.
Hartelijk bedankt.
hartələk bədankt.

Bitte, ...
Alstublieft, ...
alßtü:'bli:ft, ...

Danke, gerne.
Dank u, graag.
dank ü:, chra:ch.

Entschuldigen Sie!
Pardon! par'dõ:!

Können Sie mir bitte helfen?
Kunt u me helpen, alstublieft?
könt ü: mə helpə, alßtü'blift?

Wie schade!
Wat jammer!
wat jamər!

Das gefällt mir.
Ik vind het leuk.
ik fint ət lö:k.

Das gefällt mir nicht.
Dat bevalt me niet.
dat bəfalt mə ni:t.
▸*Höfliche Wendungen, S. 63*

Sich verständigen

Sprechen Sie Deutsch?	**Spreekt u Duits?** ßpre:kt ü: döjtß?
Spricht hier jemand ...	**Is er hier iemand die ... spreekt?** iß ər hi:r i:mant di: ... ßpre:kt?
... Deutsch	**... Duits** ... döjtß
... Englisch	**... Engels** ... engəlß
Haben Sie verstanden?	**Heeft u het begrepen?** he:ft ü: ət bəchre:pə?
Ich habe verstanden.	**Ik heb het begrepen.** ik hep ət bəchre:pə.
Ich habe das nicht verstanden.	**Ik heb het niet begrepen.** ik hep ət ni:t bəchre:pə.
Sprechen Sie bitte etwas langsamer.	**Spreekt u wat langzamer, alstublieft.** ßpre:kt ü: wat langsa:mər, alßtü:'bli:ft.
Könnten Sie das bitte wiederholen?	**Kunt u dat alstublieft herhalen?** könt ü: dat alßtü:'bli:ft herha:lə?
Wie heißt das auf Niederländisch?	**Hoe zeg je dat in het Nederlands?** hu sech jə dat in ət ne:dərlantß?
Was bedeutet ...?	**Wat betekent ...?** wat bəte:kənt ...?
Könnten Sie es mir bitte aufschreiben?	**Kunt u dat voor mij opschrijven, alstublieft?** könt ü: dat fo:r mäi opßchräifə, alßtü:'bli:ft?

Sich begrüßen

Guten Tag!	Goedendag! chuiədach!
Guten Abend!	Goedenavond! chuiəna:fənt!
Gute Nacht!	Goedenacht! chuiənacht!
Hallo!	Hallo! halo:!
Wie geht es Ihnen | dir?	Hoe gaat het met u | jou? hu cha:t ət met ü: | jau?
Wie geht's?	Hoe gaat het? hu cha:t ət?
Danke, gut. Und Ihnen?	Goed, dank u. En met u? chut, dank ü:. en met ü:?
Danke, gut. Und dir?	Goed, dank je. En met jou? chut, dank jə. en met jau?
Einen schönen Abend!	Een fijne avond gewenst! ən fäine a:fənt chə'wenßt!
Es tut mir leid, aber ich muss jetzt gehen.	Het spijt me, maar ik moet nu gaan. ət ßpäit mə, ma:r ik mut nü: cha:n.

Info

Goedendag! chuiədach! kann man immer verwenden. Wenn man sich etwas besser kennt, reicht Hallo! ha'lo:! Je nach Tageszeit sind folgende Begrüßungen üblich:
morgens bis circa 12 Uhr: Goedemorgen! chuiəmorchə!,
12–17 Uhr: Goedemiddag! chuiəmidach!,
ab 17 Uhr: Goedenavond! chuiəna:fənt!
Als informelle Begrüßung unabhängig von der Tageszeit hört man auch ha ha oder hoi hoj.

Info

Beim Abschied gibt es neben dem üblichen, gedehnt gesprochenen **dag!** da:ch! regionale Varianten wie **doei!** dui! und in Flandern **salut** ßa'lü: als Entsprechungen zum deutschen Tschüs.

Auf Wiedersehen!	**Tot ziens!** tot ßi:nß!
Bis bald!	**Tot straks!** tot ßtrakß!
Bis morgen!	**Tot morgen!** tot morchə!
Tschüs!	**Dag!** da:ch!
Schön, Sie | dich kennengelernt zu haben.	**Fijn u | jou te hebben leren kennen.** fäin ü: | jau tə hebə le:rə kenə.
Vielen Dank für den netten ...	**Hartelijk dank voor de leuke ...** hartələk dank fo:r də lö:kə ...
... Abend.	**... avond.** ... a:fənt.
... Tag.	**... dag.** ... dach.
Gute Reise!	**Goede reis!** chuiə räiß!

Sich kennenlernen

Sich bekannt machen

Wie heißen Sie | heißt du?	**Hoe heet u | heet je?** hu he:t ü: | he:t jə?
Ich heiße ...	**Ik heet ...** ik he:t ...
Darf ich Ihnen ... vorstellen?	**Mag ik voorstellen? Dit is ...** mach ik fo:rßtelə? dit iß ...

... meinen Partner./ meine Partnerin.	... mijn partner.	... mən 'partnər.
... meinen Mann	... mijn man.	... mən man.
... meine Frau	... mijn vrouw.	... mən frau.
... meinen Freund	... mijn vriend.	... mən fri:nt.
... meine Freundin	... mijn vriendin.	... mən fri:n'din.
Woher kommen Sie | kommst du?	Waar komt u | kom je vandaan?	wa:r komt ü: | kom jə fan'da:n?
Ich komme aus ...	Ik kom uit ...	ik kom öjt ...
... Deutschland.	... Duitsland.	... döjtßlant.
... Österreich.	... Oostenrijk.	... o:ßtəräik.
... der Schweiz.	... Zwitserland.	... switßərlant.
Wie alt sind Sie | bist du?	Hoe oud bent u | ben je?	hu aut bent ü: | ben jə?
Ich bin ... Jahre alt.	Ik ben ... jaar.	ik ben ... ja:r.
Sind Sie | Bist du verheiratet?	Bent u | Ben je getrouwd?	bent ü: | ben jə chətraut?

Info

Auch wenn es im niederländischen Sprachgebiet insgesamt etwas informeller zugeht, wählen Sie besser nicht von vornherein eine zu vertrauliche Anrede. Diese hängt – wie in Deutschland – von der Sozial- und vor allem von der Altersschicht ab. Die erste Kontaktaufnahme sollte daher besser mit u (Sie) erfolgen. Schaltet die Person, mit der man ein Gespräch führt auf je (du) um, dann können Sie ihn ruhig weiter mit je ansprechen. Dies gilt auch bei mehreren Personen.

Ich bin ...	**Ik ben ...** ik ben ...
... ledig.	**... ongetrouwd.** ... onchətraut.
... verheiratet.	**... getrouwd.** ... chətraut.
... geschieden.	**... gescheiden.** ... chəßchäidə.
Ich lebe getrennt.	**Ik leef gescheiden.** ik le:f chəßchäidə.
Haben Sie | Hast du Kinder?	**Heeft u | Heb je kinderen?** he:ft ü: | hep je kindərə?
Was machen Sie | machst du beruflich?	**Wat bent u | ben je van beroep?** wat bent ü: | ben jə fan bərup?
Ich bin ...	**Ik ben ...** ik ben ...

Sich verabreden

Wir könnten etwas zusammen machen, wenn Sie möchten | du möchtest.	**We kunnen iets samen ondernemen, als u wilt | je wil.** wə könə i:tß ßa:mə ondərne:mə, alß ü: wilt | jə wil.
Treffen wir uns ...	**Zien we elkaar ...** si:n wə el'ka:r ...
... heute Abend?	**... vanavond?** ... fa'na:fənt?
... morgen?	**... morgen?** ... morchə?
Wollen wir heute Abend zusammen essen?	**Zullen we vanavond samen eten?** sölə wə fa'na:fənt ßa:mə e:tə?
Ich möchte Sie | dich einladen.	**Ik wil u | je graag uitnodigen.** ik wil ü: | jə chra:ch öjtno:dəchə.

Möchten Sie | Möchtest du tanzen gehen?	Wilt u | Wil je gaan dansen? wilt ü: | wil jə cha:n danßə?
Wann treffen wir uns?	Hoe laat spreken we af? hu la:t ßpre:kə wə af?
Wo treffen wir uns?	Waar spreken we af? wa:r ßpre:kə wə af?
Wie ist Ihre ...	Hoe is uw ... hu iß ü: ...
... Handynummer?	... gsm-nummer? ... che:eßem-nömər?
... E-Mail-Adresse?	... e-Mailadres? ... i:me:ladreß?
Treffen wir uns doch um ... Uhr.	Laten we afspreken om ... uur. la:tə wə afßpre:kə om ... ü:r.
Ich hole Sie | dich um ... Uhr ab.	Ik haal u | je om ... uur af. ik ha:l ü: | jə om ... ü:r af.
Ich bringe Sie | dich nach Hause.	Ik breng u | je naar huis. ik breng ü: | jə na:r höjß.
Ich bringe Sie | dich zur Haltestelle.	Ik breng u | je naar de bushalte. ik breng ü: | jə na:r də bößhaltə.
Sehen wir uns noch einmal?	Zien we elkaar nog eens terug? si:n wə el'ka:r noch ənß təröch?
Sehr gerne.	Heel graag. he:l chra:ch.
In Ordnung.	Oké. o:ke:
Ich weiß noch nicht.	Ik weet het nog niet. ik we:t ət noch ni:t.
Vielleicht.	Misschien. mə'ßchi:n.

Es tut mir leid, aber ich kann nicht.	**Het spijt me, maar ik kan niet.** ət ßpäit mə, ma:r ik kan ni:t.
Ich habe schon etwas vor.	**Ik ben al iets anders van plan.** ik ben al i:tß andərß fan plan.

Flirten

Sind Sie | Bist du alleine hier?	**Bent u | Ben je hier alleen?** bent ü: | ben jə hi:r ale:n?
Darf ich mich zu Ihnen | dir setzen?	**Mag ik bij u | jou komen zitten?** mach ik bäi ü: | jau ko:mə sitə?
Sehr gerne.	**Heel graag.** he:l chra:ch.
Ich warte auf jemanden.	**Ik wacht op iemand.** ik wacht op i:mant.
Ich bin mit ... hier.	**Ik ben hier met ....** ik ben hi:r met ....
Lassen Sie mich in Ruhe!	**Laat me met rust!** la:t mə met rößt!
Verschwinde!	**Donder op!** dondər op!
Hast du ...	**Heb je ...** hep jə ...
... einen Freund?	**... een vriend?** ... ən fri:nt?
... eine Freundin?	**... een vriendin?** ... ən fri:n'din?
Du bist wunderschön.	**Je bent heel mooi.** jə bent he:l moi.
Du gefällst mir sehr.	**Ik vind je heel aardig.** ik fint jə he:l a:rdəch.

Ich bin gerne mit dir zusammen.	Ik ben graag met jou samen. ik ben chra:ch met jau ßa:mə.
Kommst du mit zu mir?	Kom je mee naar mij toe? kom jə me: na:r mäi tu?
Ich mag dich.	Ik vind je leuk. ik fint jə lö:k.
Ich liebe dich.	Ik hou van jou. ik hau fan jau.
Ich möchte mit dir schlafen.	Ik wil met je naar bed. ik wil met jə na:r bet.
Aber nur mit Kondom.	Alleen maar met een condoom. Ale:n ma:r met ən kondo:m.
Wann sehen wir uns wieder?	Wanneer zien we elkaar nog eens? wane:r si:n wə el'ka:r noch əns?

Höfliche Wendungen

Sehr gut!	Heel goed! he:l chut!
Großartig!	Fantastisch! fantaßtiß!
Das gefällt mir.	Ik vind het leuk. ik fint ət lö:k.
Ich bin sehr zufrieden!	Ik ben erg tevreden! ik ben erch təfre:də!
Es ist sehr schön hier.	Het is hier heel leuk. ət iß hi:r he:l lö:k.
Sehr gerne.	Heel graag. he:l chra:ch.
Wie schade!	Wat jammer! wat jamər!

Das ist mir egal.	**Dat kan me niets schelen.** dat kan mə ni:tß ßche:lə.
Ich würde lieber ...	**Ik zou liever ...** ik ßau li:fər ...
Das gefällt mir nicht.	**Dat bevalt me niet.** dat bəfalt mə ni:t.
Das möchte ich lieber nicht.	**Dat wil ik liever niet.** dat wil ik li:fər ni:t.
Auf keinen Fall.	**In geen geval.** in che:n chəfal.
Das ist sehr ärgerlich.	**Dat is erg vervelend.** dat iß erch fərfe:lənt.
Vielen Dank.	**Hartelijk bedankt.** hartələk bədankt.
Darf ich?	**Mag ik?** mach ik?
Bitte, ...	**Alstublieft, ...** alßtü:'bli:ft, ...
Danke, gerne.	**Dank u, graag.** dank ü:, chra:ch.
Nein, danke.	**Nee, bedankt.** ne:, bədankt.
Können Sie mir bitte helfen?	**Kunt u me helpen, alstublieft?** könt ü: mə helpə, alßtü'blift?
Vielen Dank, das ist sehr nett von Ihnen.	**Dank u wel, dat is heel aardig van u.** dank ü: wel, dat iß he:l a:rdəch fan ü:.
Vielen Dank für Ihre Hilfe.	**Hartelijk bedankt voor uw hulp.** hartələk bədankt fo:r ü:u hölp.
Gern geschehen.	**Graag gedaan.** chra:ch chəda:n.
Ja, gerne.	**Ja, graag.** ja:, chra:ch.

Entschuldigen Sie!	Pardon! par'dõ:!
Tut mir leid, dass ich mich verspätet habe.	Sorry dat ik te laat ben. ßori dat ik tə la:t ben.
Das tut mir leid.	Het spijt me. ət ßpäit mə.
Macht nichts!	Geeft niet! che:ft ni:t!
Das ist mir sehr unangenehm.	Dat vind ik erg vervelend. dat fint ik erch fərfe:lənt.
Das war ein Missverständnis.	Dat was een misverstand. dat waß ən mißfərßtant.

Weitere Wörter

Adresse	het adres adreß
Beruf	het beroep bərup
Bruder	de broer bru:r
einladen *(zum Essen)*	uitnodigen öjtno:dəchə
erfreut	blij bläi
essen gehen	uit eten gaan öjt e:tə cha:n
Foto	de foto fo:to:
Frau	de vrouw frau
Frau *(Anrede)*	mevrouw məfrau
Freund	de vriend fri:nt
Freundin	de vriendin fri:n'din
Geschwister	broer en zus bru:r en söß
heißen	heten he:tə
ich heiße	ik heet ik he:t
Herr *(Anrede)*	meneer məne:r
Herr	de heer he:r
Junge	de jongen jongə

kennenlernen	leren kennen le:rə kenə
Kind	het kind kint
kommen aus	komen uit ko:mə öjt
Land	het land lant
langsam	langzaam langsa:m
Mädchen	het meisje mäischə
Mann	de man man
mögen	graag mogen chra:ch mo:chə
Mutter	de moeder mudər
Schule	de school ßcho:l
Schwester	de zus söß
Sohn	de zoon so:n
sprechen	spreken ßpre:kə
Stadt	de stad ßtat
Student	de student ßtü:dent
Studentin	de studente ßtü:dentə
studieren	studeren ßtü:de:rə
tanzen gehen	gaan dansen cha:n danßə
Tochter	de dochter dochtər
sich treffen	elkaar ontmoeten elka:r ontmutə
Urlaub	de vakantie vakanßi:
Vater	de vader fa:dər
verheiratet	getrouwd chətraut
verlobt	verloofd fərlo:fd
Verlobte(r)	de verloofde fərlo:fdə
sich verabreden	afspreken afßpre:kə
verstehen	begrijpen bəchräipə
warten	wachten wachtə
wiederholen	herhalen herha:lə
wiederkommen	terugkomen teröchko:mə
wiedersehen	weerzien we:rsi:n

Übernachten

... die wichtigsten Sätze

Haben Sie ein Doppelzimmer frei?
Heeft u een tweepersoonskamer vrij?
he:ft ü: ən twee:pərßo:nßka:mər fräi?

Wie viel kostet es?
Hoeveel kost het?
hufe:l koßt ət?

Gibt es WLAN auf den Zimmern?
Is er draadloos Internet op de kamers beschikbaar?
iß ər dra:dlo:ß internet op də ka:mərß bəschikba:r?

Kann ich mir das Zimmer ansehen?
Kan ik de kamer bekijken?
kan ik də ka:mər bəkäikə?

Es ist sehr schön. Ich nehme es.
Wat leuk. Ik neem het.
wat lö:k. ik ne:m ət.

Wo können wir das Auto abstellen?
Waar kunnen we de auto parkeren?
wa:r könə wə də auto: parke:rə?

Wann gibt es Frühstück?
Hoe laat is het ontbijt?
hu la:t iß ət ond'bäit?

Bitte den Schlüssel für Zimmer ...
De sleutel voor kamer ..., alstublieft.
də ßlö:təl fo:r ka:mər ..., alßtü:'bli:ft.

Machen Sie bitte die Rechnung fertig.

Maakt u alstublieft de rekening klaar.
ma:kt ü: alßtü:'bli:ft də re:kəning kla:r.

Es war sehr schön hier.

▸*Hotel, S. 70*

Het was erg fijn hier.
ət waß erch fäin hi:r.

Wir haben die Wohnung ... gemietet.

We hebben het appartement ... gehuurd.
wə hebən ət apartəment ... chəhü:rt.

Wo bekommen wir die Schlüssel?

Waar krijgen we de sleutels?
wa:r kräichə wə də ßlö:təlß?

Wir brauchen noch Bettwäsche.

▸*Ferienwohnung, S. 75*

We hebben nog bedlinnen nodig.
wə hebə noch betlinə no:dəch.

Wo können wir unser Zelt aufstellen?

Waar kunnen we onze tent plaatsen?
wa:r könə wə onsə tent pla:tßə?

Wo sind die Waschräume?

Waar zijn hier de wasruimtes?
wa:r säin hi:r də waßröjmtəs?

Gibt es hier Stromanschluss?

▸*Camping, S. 76*

Is er hier een elektrische aansluiting?
iß ər hi:r ən e:lektrißə a:nßlöjting?

Info

Eine originelle Alternative zu Hotels und Ferienwohnungen sind Hausboote, die z. B. in Amsterdam als Kurzzeitunterkunft angeboten werden.

Hotel

Ankunft

Ich habe ein Zimmer reserviert auf den Namen ...	**Ik heb een kamer gereserveerd onder de naam ...** ik hep ən ka:mər chəre:serfe:rt ondər də na:m ...
Haben Sie ein Einzelzimmer frei?	**Heeft u een eenpersoonskamer vrij?** he:ft ü: ən e:npərßo:nßka:mər fräi?
Haben Sie ein Doppelzimmer frei ...	**Heeft u een tweepersoonskamer vrij ...** he:ft ü: ən twee:pərßo:nßka:mər fräi ...
... für eine Nacht?	**... voor een nacht?** ... fo:r e:n nacht?
... für ... Nächte?	**... voor ... nachten?** ... fo:r ... nachtə?
... mit Bad?	**... met bad?** ... met bat?
... mit Dusche?	**... met douche?** ... met dusch?
... mit Balkon?	**... met balkon?** ... met balkon?
... mit Klimaanlage?	**... met airconditioning?** ... met ä:rkondischəning?
... mit Ventilator?	**... met een ventilator?** ... met ən fentila:tor?
... mit Blick aufs Meer?	**... met uitzicht op zee?** ... met öjtßicht op ße:?
... nach hinten hinaus?	**... naar achteren?** ... na:r achtərə?

Das könnten Sie hören:

◂ **Wij zijn helaas vol(geboekt).**
wə säin he:la:ß fol(chəbukt).
Wir sind leider ausgebucht.

◂ **Morgen komt er een kamer vrij.**
morchə komt ər ən ka:mər fräi.
Morgen wird ein Zimmer frei.

◂ **Op ... komt er een kamer vrij.**
op ... komt ər ən ka:mər fräi.
Am ... wird ein Zimmer frei.

Wie viel kostet es ... — **Hoeveel kost het ...**
hufe:l koßt ət ...

... mit Frühstück? — **... met ontbijt?** ... met ond'bäit?

... mit Halbpension? — **... met halfpension?** ... met halfpenßjon?

... mit Vollpension? — **... met volpension?** ... met folpenßjon?

Gibt es für ... Nächte eine Ermäßigung? — **Is er een korting, als je ... nachten blijft?**
iß ər ən korting alß jə ... nachtə bläift?

Gibt es hier WLAN? — **Is er hier wifi?** iß ər hi:r wi:fi:?

Gibt es WLAN auf den Zimmern? — **Is er draadloos Internet op de kamers beschikbaar?**
iß ər dra:dlo:ß internet op də ka:mərß bəschikba:r?

Brauche ich ein Passwort? — **Heb ik een wachtwoord nodig?**
heb ik ən wachtwo:rt no:dəch?

Kann ich mir das Zimmer ansehen? — **Kan ik de kamer bekijken?**
kan ik də ka:mər bəkäikə?

Haben Sie noch ein anderes Zimmer?	**Heeft u nog een andere kamer?** he:ft ü: noch ən andərə ka:mər?
Es ist sehr schön. Ich nehme es.	**Wat leuk. Ik neem het.** wat lö:k. ik ne:m ət.
Könnten Sie ein zusätzliches Bett aufstellen?	**Kunt u nog een bed bijplaatsen?** könt ü: noch ən bet bäipla:tßə?
Könnten Sie ein Kinderbett aufstellen?	**Kunt u een kinderbed bijplaatsen?** könt ü: ən kindərbet bäipla:tßə?
Können Sie mein Gepäck aufs Zimmer bringen?	**Kunt u mijn bagage op de kamer brengen?** könt ü: mən ba'cha:schə op də ka:mər brengə?
Wo ist das Bad?	**Waar is de badkamer?** wa:r is də batka:mər?
Wo kann ich meinen Wagen abstellen?	**Waar kan ik mijn auto parkeren?** wa:r kan ik mən auto: parke:rə?
Wann gibt es Frühstück?	**Hoe laat is het ontbijt?** hu la:t iß ət ond'bäit?
Wo ist der ...	**Waar is de ...** wa:r iß də ...
... Speisesaal?	**... eetzaal?** ... e:tßa:l?
... Frühstücksraum?	**... ontbijtzaal?** ... ond'bäitßa:l?
Gibt es eine Kinderbetreuung?	**Is er een kinderopvang?** iß ər ən kindəropfang?
Haben Sie eine Schlüsselkarte für mich?	**Heeft u een keycard voor me?** he:ft ü: ən 'ki:ka:d fo:r mə?

Service

Bitte den Schlüssel für Zimmer ...	**De sleutel voor kamer ..., alstublieft.** də ßlö:təl fo:r ka:mər ..., alßtü:'bli:ft.
Ist eine Nachricht für mich da?	**Is er een boodschap voor mij?** iß ər ən bo:tßchap fo:r mäi?
Kann ich Ihnen meine Wertsachen zur Aufbewahrung geben?	**Mag ik bij u mijn waardevolle voorwerpen in bewaring geven?** mach ik bäi ü: mən wa:rdəfolə fo:rwerpə in bəwa:ring che:fə?
Ich möchte meine Wertsachen abholen.	**Ik wil graag mijn waardevolle voorwerpen ophalen.** ik wil chra:ch mən wa:rdəfolə fo:rwerpə opha:lə.
Kann ich bitte noch ... haben?	**Kan ik nog ... krijgen, alstublieft?** kan ik noch ... kräichə, alßtü:'bli:ft?
... eine Decke	**... een deken** ... ən de:kə
... ein Handtuch	**... een handdoek** ... ən handuk
... ein paar Kleiderbügel	**... een paar kleerhangers** ... ən pa:r kle:rhangərß
... ein Kopfkissen	**... een hoofdkussen** ... ən ho:ftkößə
Meine Tür lässt sich nicht abschließen.	**Ik krijg mijn deur niet op slot.** ik kräich mən dö:r ni:t op ßlot.
Das Fenster geht nicht ...	**Het raam gaat niet ...** hət ra:m cha:t ni:t ...
... auf.	**... open.** ... o:pə.
... zu.	**... dicht.** ... dicht.
Es kommt kein (warmes) Wasser.	**Er is geen (warm) water.** er iß che:n (warm) wa:tər.

Der Wasserhahn tropft.	De kraan druppelt. də kra:n dröpəlt.
Der Abfluss ist verstopft.	De afvoer is verstopt. də afu:r iß fərßtopt.
Die Toilette ist verstopft.	Het toilet is verstopt. ət twalet iß fərßtopt.
Die Toilette ist schmutzig.	Het toilet is vuil. ət twalet iß föjl.
... ist schmutzig.	... is vuil. ... iß föjl.
... funktioniert nicht.	... werkt niet. ... werkt ni:t.
Ich habe mich aus meinem Zimmer ausgesperrt.	Ik heb me buitengesloten. ik heb mə böjtəchə'ßlo:tə.

Abreise

Wecken Sie mich bitte (morgen) um ... Uhr.	Kunt u mij (morgen) om ... uur wekken, alstublieft? könt ü: mə (morchə) om ... ü:r wekə, alßtü:'bli:ft?
Wir reisen morgen ab.	We vertrekken morgen. wə fərtrekə morchə.
Machen Sie bitte die Rechnung fertig.	Maakt u alstublieft de rekening klaar. ma:kt ü: alßtü:'bli:ft də re:kəning kla:r.
Kann ich mit ... zahlen?	Kan ik met ... betalen? kan ik met ... bəta:lə?
... Debitkarte	... een pinpas ... ən pinpaß
... Kreditkarte	... creditcard ... kreditka:rt

Es war schön hier.	Het was fijn hier. ət waß fäin hi:r.
Bis wann muss man auschecken?	Tot hoe laat moet je uitchecken? tot hu la:t mut jə öjtschekə?
Kann ich später auschecken?	Kan ik later uitchecken? kan ik la:tər öjtschekə?
Kann ich mein Gepäck noch bis ... Uhr hierlassen?	Kan ik mijn bagage nog tot ... uur hier laten staan? kan ik mən ba'cha:schə noch tot ... ü:r hi:r la:tə ßta:n?
Rufen Sie bitte ein Taxi.	Bestelt u een taxi, alstublieft. bəßtelt ü: ən takßi:, alßtü:'bli:ft.

Ferienwohnung

Wir haben die Wohnung ... gemietet.	We hebben het appartement ... gehuurd. wə hebən ət apartəment ... chəhü:rt.

Das könnten Sie hören:

◂ Mag ik uw bon hebben, alstublieft?
mach ik ü:u bon hebə, alßtü:'bli:ft?
Dürfte ich bitte Ihren Gutschein haben?

Wo bekommen wir die Schlüssel?	Waar krijgen we de sleutels? wa:r kräichə wə də ßlö:təlß?
Wo können wir das Auto abstellen?	Waar kunnen we de auto parkeren? wa:r könə wə də auto: parke:rə?
Wie ist hier die Netzspannung?	Hoeveel bedraagt hier de elektrische spanning? hufe:l bedra:cht hi:r də e:lektrißə ßpaning?

Wir brauchen noch ...	**We hebben nog ... nodig.** wə hebə noch ... no:dəch.
... Bettwäsche.	**... bedlinnen** ... betlinə
... Geschirrtücher.	**... theedoeken** ... te:dukə
Wo ist der Sicherungskasten?	**Waar is de zekeringkast?** wa:r is də se:kəringkaßt?
Erklären Sie uns, wie ... funktioniert?	**Kunt u ons uitleggen hoe ... werkt?** könt ü: onß öjtlechə hu ... werkt?
... die Spülmaschine	**... de vaatwasser** ... də fa:twaßər
... der Herd	**... het fornuis** ... ət for'nöjß
... die Waschmaschine	**... de wasmachine** ... də waßmaschi:nə
Wohin kommt der Müll?	**Waar moet het vuilnis naartoe?** wa:r mut ət föjlniß na:rtu?
Wo ist ...	**Waar is ...** wa:r iß ...
... die nächste Bushaltestelle?	**... de dichtstbijzijnde bushalte?** ... də 'dichßdbäisäində bößhaltə?
... ein Lebensmittelgeschäft?	**... een kruidenierswinkel?** ... ən kröjdəni:rswinkəl?
... eine Bäckerei?	**... een bakkerij?** ... ən bakəräi?

Camping

Dürfen wir auf Ihrem Grundstück zelten?	**Mogen wij op uw terrein kamperen?** mo:chə wə op ü:u teräin kampe:rə?
Haben Sie noch Platz für ...?	**Heeft u nog plaats voor ...?** he:ft ü: noch pla:tß fo:r ...?

Wie hoch ist die Gebühr für ...	**Hoe hoog is het tarief voor ...** hu ho:ch is ət tari:f fo:r ...
... zwei Erwachsene und ... Kinder?	**... twee volwassenen en ... kinderen?** ... twe: folwaßənə en ... kindərə?
... einen Pkw mit Wohnwagen?	**... een personenwagen met een caravan?** ... ən pɔrßo:nəwa:chə met ən kerəfen?
... ein Wohnmobil?	**... een camper?** ... ən kempər?
... ein Zelt?	**... een tent?** ... ən tent?
Vermieten Sie auch ...	**Verhuurt u ook ...** fərhü:rt ü: o:k ...
... Bungalows?	**... bungalows?** ... bönchalo:ß?
... Wohnwagen?	**... caravans?** ... kerəfenß?
Wir möchten einen Tag bleiben.	**Wij willen graag een dag blijven.** wə wilə chra:ch e:n dach bläifə.
Wir möchten ... Tage bleiben.	**Wij willen graag ... dagen blijven.** wə wilə chra:ch ... da:chə bläifə.
Wo können wir ... aufstellen?	**Waar kunnen we onze ... plaatsen?** wa:r könə wə onsə ... pla:tßə?
... unser Zelt	**... tent** ... tent
... unseren Wohnwagen	**... caravan** ... kerəfen
Wo sind die ...	**Waar zijn hier de ...** wa:r säin hi:r də ...
... Waschräume?	**... wasruimtes?** ... wasröjmtəß?
... Toiletten?	**... wc's?** ... we:ße:ß?

Info

In Belgien und den Niederlanden ist „wild" campen streng verboten, und es wird von der Polizei scharf kontrolliert.

Wo kann ich das Chemieklo entsorgen?	**Waar kan ik de inhoud van mijn chemisch toilet kwijt?** wa:r kan ik də inhaut fan mən che:miß twalet kwäit?
Kann ich hier Gasflaschen ...	**Kan ik hier gasflessen ...** kan ik hi:r chaßfleßə ...
... kaufen?	**... kopen?** ... ko:pə?
... umtauschen?	**... inruilen?** ... inröjlə?
Gibt es hier Stromanschluss?	**Is er hier een elektrische aansluiting?** iß ər hi:r ən e:lektrißə a:nßlöjting?

Weitere Wörter

Abfluss	**afvoer** afu:r
abreisen	**vertrekken** fərtrekə
Anmeldung	**de aanmelding** a:nmelding
Anzahlung	**de aanbetaling** a:mbəta:ling
Appartement	**het appartement** apartəment
Aschenbecher	**de asbak** asbak
Aufenthaltsraum	**de lounge** launsch
Aufzug	**de lift** lift
Badewanne	**de badkuip** batköjp
Beanstandung	**de klacht** klacht
Besen	**de bezem** be:səm
Bett	**het bed** bet
Bettdecke	**het dekbed** 'dekbet
Bettlaken	**het beddenlaken** 'bedəla:kə
Bettwäsche	**het bedlinnen** betlinə
bügeln	**strijken** ßträikə
Bungalow	**de bungalow** bönchalo:
Camping	**de camping** kemping

Campingplatz	het kampeerterrein kam'pe:rteräin
Decke	de deken de:kə
Doppelbett	het tweepersoonsbed twe:pərßo:nsbet
Dusche	de douche dusch
Einzelbett	het eenpersoonsbed e:npərßo:nsbet
Empfang	de receptie re:'ßepßi:
Endreinigung	de eindschoonmaak äintßcho:nma:k
Etage	de verdieping fərdi:ping
Etagenbetten	de stapelbedden ßta:pəlbedə
Fenster	het raam ra:m
Ferienhaus	het vakantiehuis fakanßi:höjß
Ferienwohnung	het vakantiehuisje fakanßi:höjschə
Fernseher	de tv te:fe:
Foyer	de foyer fwaje:
Frühstücksbüfett	het ontbijtbuffet ond'bäidbü:fet
Frühstücksraum	de ontbijtzaal ond'bäitßa:l
Gaskartusche	de gascartouche chaßkartuschə
Gaskocher	het gasstel chaßtel
Geschirr	het serviesgoed ßerfi:ßchut
Geschirrtuch	de theedoek te:duk
Glas	het glas chlaß
Glühbirne	de gloeilamp chluilamp
Hammer	de hamer ha:mər
Handtuch	de handdoek handuk
Hauptsaison	het hoofdseizoen ho:ftßäisun
Hausboot	de woonboot 'wo:mbo:t
Hausverwaltung	de administratie (van het huis) atminißtra:ßi: (fan ət höjß)
Heizung	de verwarming fərwarming
Herd	het fornuis for'nöjß
Hering	de (tent)haring (tent)ha:ring

Hotel ... het hotel ho:tel
Internetanschluss ... de internetaansluiting də intərneta:nßlöjting
Jugendherberge ... de jeugdherberg jö:chtherberch
Jugendherbergsausweis ... de lidmaatschapkaart van de jeugdherberg 'litma:tschapka:rt fan də jö:chtherberch
Kaffeemaschine ... het koffiezetapparaat kofi:setapara:t
Kamin ... de open haard o:pə ha:rt
Kaminholz ... het hout voor de open haard haut fo:r də o:pə ha:rt
kaputt ... kapot kapot
Kaution ... de borg borch
Kinderbett ... het kinderbed kindərbet
Kleiderbügel ... de kleerhanger kle:rhangər
Klimaanlage ... de airconditioning də ä:rkondischəning
Kocher ... het kooktoestel ko:ktußtel
Kopfkissen ... het hoofdkussen ho:ftkößə
Kühlschrank ... de koelkast kulkaßt
Lampe ... de lamp lamp
Leihgebühr ... de huur hü:r
Licht ... het licht licht
Luftmatratze ... het luchtbed löchdbet
Matratze ... de matras matraß
Miete ... de huur hü:r
mieten ... huren hü:rə
Moskitonetz ... het muskietennet müßki:tənet
Moskitospirale ... de muskietenkaars müßki:təka:rß
Mülleimer ... de vuilnisemmer 'föjlniß-emər
Nachsaison ... het naseizoen na:ßäisun
Netzspannung ... de elektrische spanning e:lektrißə ßpaning

Notausgang	de nooduitgang no:töjtchang
Putzmittel	het schoonmaakmiddel ßcho:nma:kmidəl
Rechnung	de rekening re:kəning
reservieren	reserveren re:serfe:rə
reserviert	gereserveerd chəre:serfe:rt
Rezeption	de receptie re:'ßepßi:
Safe	de kluis klöjß
Schlafsaal	de slaapzaal ßla:pßa:l
Schlafsack	de slaapzak ßla:pßak
Schlüssel	de sleutel ßlö:təl
Schlüsselkarte	de keycard 'ki:ka:d
schmutzig	vuil föjl
Schrank	de kast kaßt
Sessel	de fauteuil fo:'töj
Sicherung	de zekering se:kəring
Spiegel	de spiegel ßpi:chəl
Spülung	de waterspoeling də wa:tərßpuling
Steckdose	het stopcontact ßtopkontakt
Stecker	de stekker ßtekər
Stuhl	de stoel ßtul
Swimmingpool	het zwembad swembat
Telefon	de telefoon te:ləfo:n
Terrasse	het terras teraß
Tisch	de tafel ta:fəl
Toilette	het toilet twalet
Toilettenpapier	het wc-papier we:ße:papi:r
Trinkwasser	het drinkwater drinkwa:tər
Ventilator	de ventilator fentila:tor
Verlängerungskabel	de verlengkabel fərlengka:bəl
Verlängerungswoche	de week verlenging we:k fərlenging
Voranmeldung	de reservering re:serfe:ring
Vorsaison	het voorseizoen fo:rßäisun

Waschbecken	de wastafel waßta:fəl
waschen	wassen waßə
Wäschetrockner	de droogtrommel dro:chtroməl
Waschmaschine	de wasmachine waßmaschi:nə
Waschmittel	het wasmiddel waßmidəl
Waschraum	de wasruimte waßröjmtə
Wasser	het water wa:tər
Wasserhahn	de kraan kra:n
Wohnmobil	de camper kempər
Wohnwagen	de caravan kerəfen
Zelt	de tent tent
zelten	kamperen kampe:rə
Zimmer	de kamer ka:mər

Essen & Trinken

... die wichtigsten Sätze

Einen Tisch für ... Personen bitte.
Een tafel voor ... personen, alstublieft.
ən ta:fəl fo:r ... pərßo:nə, alßtü:'bli:ft.

Ist dieser Platz noch frei?
Is deze plaats nog vrij?
iß de:sə pla:tß noch fräi?

Entschuldigung, wo sind die Toiletten?
▸*Restaurantsuche, S. 102*
Pardon, waar zijn de toiletten?
par'dõ:, wa:r säin də twaletə?

Die Karte bitte.
De (menu)kaart, alstublieft.
də (mənü:)ka:rt, alßtü:'bli:ft.

Ich möchte nur etwas trinken.
Ik wil alleen maar iets drinken.
ik wil ale:n ma:r i:tß drinkə.

Gibt es jetzt noch etwas zu essen?
Kan ik nog iets te eten krijgen?
kan ik noch i:tß tə e:tə kräichə?

Was empfehlen Sie mir?
Wat kunt u me aanbevelen?
wat könt ü: mə a:mbəfe:lə?

Ich möchte noch etwas Brot.
Ik had graag nog wat brood.
ik hat chra:ch noch wat bro:t.

Bitte bringen Sie mir noch ... ▸*Bestellen, S. 103*	**Brengt u me alstublieft nog ...** brengt ü: mə alßtü:'bli:ft noch ...
Guten Appetit!	**Smakelijk (eten)!** ßma:kələk (e:tə)!
Zum Wohl!	**Gezondheid!** chəsonthäit!
Danke, gleichfalls!	**Dank u, insgelijks!** dank ü:, inßchəläikß!
Was ist das?	**Wat is dat?** wat is dat?
Danke, ich bin satt.	**Dank u wel, ik heb genoeg.** dank ü: wel, ik hep chənuch.
Danke für die Einladung.	**Hartelijk bedankt voor de uitnodiging.** hartələk bədankt fo:r də 'öjtno:dəching.
Es war ausgezeichnet. ▸*Gemeinsam essen, S. 108*	**Het was uitstekend.** ət waß öjt'ßte:kənt.
Hier fehlt noch ... ▸*Reklamieren, S. 109*	**Hier ontbreekt nog ...** hi:r ondbre:kt noch ...
Die Rechnung bitte!	**De rekening, alstublieft!** də re:kəning, alßtü:'bli:ft!
Es stimmt so. ▸*Bezahlen, S. 110*	**Het is goed zo.** ət iß chut ßo:.

Ontbijt
Frühstück

beschuit baßchöjt	Zwieback
boter bo:tər	Butter
brood bro:t	Brot
broodje bro:tjə	Brötchen
hardgekookt ei hartchəko:kt äi	hart gekochtes Ei
jam schem	Marmelade
kaas ka:ß	Käse
karnemelk karnəmelk	Buttermilch
koffie kofi:	Kaffee
koffie verkeerd kofi: fərke:rt	Milchkaffee
krentenbol krentəbol	Rosinenbrötchen
melk melk	Milch
muesli mü:ßli	Müsli
omelet omə'let	Omelett
roerei ru:räi	Rührei
thee te:	Tee
toost toußt	Toast
worst worßt	Wurst
yoghurt jochərt	Joghurt
zachtgekookt ei sachtchəko:kt äi	weich gekochtes Ei

Soepen
Suppen

aspergesoep aßperscheßup	Spargelsuppe
consommé kõ:ßo'me:	Fleischbrühe
groentesoep chruntəßup	Gemüsesuppe
kippensoep kipəßup	Hühnersuppe
ossenstaartsoep oßəßta:rtßup	Ochsenschwanzsuppe
soep van de dag ßup fan də dach	Tagessuppe
tomatensoep to:ma:təßup	Tomatensuppe
vissoep fißup	Fischsuppe

Salade
Salate

gemengde sla chəmengdə ßla:	gemischter Salat
huzarensalade hü:sa:rəßala:də	russischer Salat
komkommersalade kom'komərßala:də	Gurkensalat
tomatensalade to:ma:təßala:də	Tomatensalat

Koude voorgerechten
Kalte Vorspeisen

ganzenleverpastei chansəle:fərpaßtäi	Gänseleberpastete
garnalencocktail charna:ləkokte:l	Krabbencocktail
gerookte zalm chəro:ktə salm	Räucherlachs
ham (met meloen) ham (met məlun)	Schinken (mit Melone)
oesters ußtərß	Austern
paté pate:	Pastete
Russisch ei rößiß äi	russische Eier

Warme voorgerechten
Warme Vorspeisen

broodje bapao bro:tjə ba'pa:o:	Hefekloß mit (Fleisch-)Füllung
bitterballen bitərbalə	kleine Fleischkroketten
escargots eßkar'cho:ß	Weinbergschnecken
garnaalkroketten (B) charna:lkro:ketə	Krabbenkroketten
gefrituurde inktvisringetjes chəfritü:rdə 'inktfißringətjəß	frittierte Tintenfischringe

kaaskroketten (B) ka:ßkro:ketə ... Käsekroketten

koninginnenpasteitje ko:nəng'inəpaßtäitjə ... Königinpastete

pasteitje paßtäitjə ... Fleischpastete

sint-jakobsschelp ßint-ja:kopßchelp ... Jakobsmuscheln

witlof met ham (B) witlof met ham ... Chicorée mit gekochtem Schinken, überbacken

Snacks
Snacks

bittergarnituur bitərcharnitü:r ... allerhand kleine frittierte Snacks

broodje Americain bro:tjə ame:rikẽ: ... Sandwich mit Tartarzubereitung

broodje gezond bro:tjə chəsont ... Sandwich mit Käse und Rohkost

broodje ham bro:tjə ham ... Schinkensandwich

broodje kaas bro:tjə ka:ß ... Käsesandwich

broodje kip-kerrie bro:tjə kip-keri: ... Sandwich mit Curry-Geflügelsalat

broodje shoarma bro:tjə scho:'warma ... mit geröstetem Schaf- oder Lammfleisch belegtes Brötchen

croque monsieur (B) krokməßjö: ... Schinken-Käse-Toast

patatje oorlog pətatjə o:rloch	Pommes frites mit Ketchup und Erdnusssoße
friet speciaal fri:t ßpe:ßja:l	Pommes frites mit Ketchup, Mayonnaise und Zwiebeln
garnalenbroodje charnaləbro:tjə	Krabbenbrötchen
Hollandse Nieuwe holantßə ni:uə	Matjes
kroket kro:ket	Fleischkrokette
lekkerbekje lekərbekjə	frittierte Fischstückchen
uitsmijter öjtßmäitər	strammer Max

Vleesgerechten
Fleischgerichte

biefstuk bi:fßtök	Beefsteak
biefstuk van de haas bi:fßtök fan də ha:ß	Filetsteak
entrecote ã:ntrəko:t	Entrecote
everzwijn 'e:fərswäin	Wildschwein
frikandel frikandel	Fleischröllchen
gehaktbal chəhakdbal	Frikadelle
haas ha:ß	Hase
hachee ha'sche:	Haschee
hert hert	Hirsch
jachtschotel jachtßcho:təl	Jägertopf

kalf kalf	Kalb
konijn konäin	Kaninchen
kotelet kotəlet	Kotelett
lamsvlees lamßfle:ß	Lammfleisch
ossenhaas oßəha:ß	Rinderlende
ragout rachu	Ragout
reerug re:röch	Rehrücken
rollade rola:də	Rollbraten
rosbief rosbi:f	Roastbeef
rundvlees röntfle:ß	Rindfleisch
stoofvlees ßto:fle:ß	geschmortes Fleisch
tong tong	Zunge
tournedos turnədo:	Tournedos
varkensvlees farkəßfle:ß	Schweinefleisch

Gevogelte
Geflügel

borst borßt	Brust
bout baut	Schenkel
eend e:nt	Ente
fazant fasant	Fasan
gans chanß	Gans
haantje ha:ntjə	Hähnchen
kalkoen kal'kun	Pute
kip kip	Huhn, Hähnchen

kippenbout kipəbaut	Hühnerkeule
kwartel kwartəl	Wachtel
patrijs pa'träiß	Rebhuhn

Vis
Fisch

baars ba:rß	Barsch
forel fo:rel	Forelle
gebakken vis chəbakə fiß	frittierter Fisch
haring ha:ring	Hering
heilbot häilbot	Heilbutt
inktvis inktfiß	Tintenfisch
karper karpər	Karpfen
paling in de room pa:ling in də ro:m	(gebackener) Aal in Rahmsauce
paling in 't groen (B) pa:ling int chrun	Aal in Kräutersoße
schelvis ßchelfiß	Schellfisch
schol ßchol	Scholle
tarbot tarbot	Steinbutt
tonijn to'näin	Thunfisch
zalm salm	Lachs
zeetong se:tong	Seezunge

Schelp- en schaaldieren
Muscheln und Schalentiere

garnalen charna:lə	Garnelen
krab krap	Krabbe
kreeft kre:ft	Krebs; Hummer
langoesten langchußtə	Languste
mosselen moßələ	Miesmuscheln
mosselen met friet moßələ met fri:t	(Mies-)Muscheln mit Pommes frites
rivierkreeft rifi:rkre:ft	Flusskrebse
scampi's ßkampi:ß	Scampi
slakken ßlakə	Schnecken

Vegetarische gerechten
Vegetarische Gerichte

pannenkoeken panəkukə	Eierkuchen
kaasfondue ka:ßfɔ̃'dü:	Käsefondue

Veganistische gerechten
Vegane Gerichte

groentekroketten 'chruntəkro:ketə	panierte und frittierte Kroketten aus püriertem Gemüse
hutspot 'hütspot	Eintopfgericht aus gestampften Kartoffeln, Karotten und Zwiebeln

Groente
Gemüse

(dop)erwten (dop)ertə	(junge) Erbsen
(rode) bietjes (ro:də) bi:tjəß	Rote Bete
andijvie an'däifi:	Endivie
artisjokken artischokə	Artischocken
asperges aß'perschəß	Spargel
bloemkool blumko:l	Blumenkohl
boerenkool bu:rəko:l	Grünkohl
bonen bo:nə	Bohnen
bruine bonen bröjnə bo:nə	braune Bohnen
champignons schampi'jonß	Champignons
courgette(s) kur'schet(əß)	Zucchini
komkommer kom'komər	Gurke
prei präi	Lauch
rodekool ro:dəko:l	Rotkohl
selderij ßeldə'räi	Sellerie
snijbonen ßnäibo:nə	Schnittbohnen
sperziebonen ßpersi:bo:nə	Stangenbohnen
spinazie ßpi:'na:si:	Spinat
spruitjes ßpröjtjəß	Rosenkohl

tomaten to:ma:tə	Tomaten
uien öjə	Zwiebeln
venkel fenkəl	Fenchel
witlof witlof	Chicorée
witte bonen witə bo:nə	weiße Bohnen
worteltjes wortəltjəß	Karotten
zuurkool sü:rko:l	Sauerkraut

Bijgerechten
Beilagen

aardappelen a:rdapələ	Kartoffeln
friet fri:t	Pommes frites
gebakken aardappelen chəbakə a:rdapələ	Bratkartoffeln
gekookte aardappelen chəko:ktə a:rdapələ	Salzkartoffeln
patat pətat	Pommes frites
pasta's paßtaß	Nudeln
rijst räißt	Reis
slaatje ßla:tjə	kleiner Beilagensalat

Bereidingswijzen
Zubereitungsarten

doorbakken do:r'bakə	durchgebraten
gebakken chəbakə	gebacken
gebraden chəbra:də	gebraten
geflambeerd chəflambe:rt	flambiert
gefrituurd chəfri'tü:rt	frittiert
gegratineerd chəchratine:rt	überbacken
gegrilld chəchrilt	gegrillt
gekookt chəko:kt	gekocht
gemarineerd chəmarine:rt	mariniert
gepaneerd chəpane:rt	paniert
gerookt chəro:kt	geräuchert
geroosterd chəro:ßtərt	geröstet
gestoofd chəßto:ft	gedünstet
gestoomd chəßto:mt	gedämpft
ingelegd inchəlecht	eingelegt
zelf bereid self bəräit	hausgemacht

Chinees-Indisch restaurant
Chinesisch-indonesisches Restaurant

atjar tjampoer atjar tjampur	saure Gemüsebeilage

gadogado cha:do:'cha:do:	Gemüse mit Erdnusssoße
sambal ßambal	scharfe Pfeffersauce
foe jong hai fu jong hai	indonesisches Omelett in (scharfer) Tomatensoße
Chinees-Indische rijsttafel schine:ß-indißə räißta:fəl	indonesisches Reismenu
babi pangang ba:bi: pangchang	Schweinefleisch süß-sauer
bami goreng ba:mi: cho:reng	indonesisches Nudelgericht
haaienvinnensoep 'haiəfinəßup	Haifischflossensuppe
kerriesoep keri:ßup	Currysuppe
ketjap (manis/asin) ke'tjap ('ma:niß/a'ßin)	Sojasoße (süß/salzig)
kroepoek krupuk	Krabbenchips
loempia lumpi:ja	Frühlingsrolle
mihoen mi:hun	chinesische Nudeln
miesoep mi:ßup	Nudelsuppe
nasi goreng naßi: cho:reng	indonesisches Reisgericht
saté ßa'te:	Fleischspieß mit scharfer Erdnusssoße
tjap tjoy tjap tjoi	Chop Suey

Nagerechten
Nachtisch

compote kompot	Kompott
flensjes flenschəß	Crêpes
gebak chəbak	Kuchen
ijs äiß	Eis
kaas ka:ß	Käse
kaasplankje ka:ßplankjə	Käseplatte
poffertjes pofərtjəß	kleine Pfannkuchen
pudding pöding	Pudding

Gebak
Kuchen und Gebäck

appelgebak apəlchəbak	Apfelkuchen
Brusselse wafel (B) 'brößəlßə 'wa:fəl	große, leicht gebackene Waffel
Limburgse vlaai limbörchßə flai	gedeckter Obstkuchen
Luikse wafel (B) 'löjkßə 'wa:fəl	mit einer Zuckerglasur überzogene Waffel
wafel met stroop wa:fəl met ßtro:p	Waffel mit Sirup
wafel met suiker wa:fəl met ßöjkər	Waffel mit Zucker

Fruit
Obst

aardbeien a:rdbäijə	Erdbeeren
abrikoos abri:ko:ß	Aprikose
appel apəl	Apfel
banaan bana:n	Banane
druif dröjf	Weintrauben
kersen kerßə	Kirschen
peer pe:r	Birne
pruim pröjm	Pflaume
sinaasappel ßina:ßapəl	Orange

Alcoholische dranken
Alkoholische Getränke

bessenjenever beßəjəne:fər	Johannisbeergenever
bier van de tap bi:r fan də tap	Bier vom Fass
bittertje bitərtjə	Magenbitter
cognac kon'jak	Kognak
demi sec dəmi ßek	halbtrocken
droog dro:ch	trocken
dubbele trappist bier döbələ trapi:ßt bi:r	starkes, dunkles Trappistenbier
gueuze (B) chö:ß	säuerliches Bier

huiswijn höjßwäin	Hauswein
jenever jəne:fər	Genever
kriek (B) kri:k	Sauerkirschbier
mild milt	lieblich
port port	Portwein
rode wijn ro:də wäin	Rotwein
rosé ro:se:	Rosé
rum röm	Rum
schuimwijn ßchöjmwäin	Schaumwein, Sekt
sherry scheri:	Sherry
speciale bieren ßpe:ßja:lə bi:rə	Bierspezialitäten
trappist bier trapi:ßt bi:r	Trappistenbier
tripel bier tri:pəl bi:r	extra starkes, helles Trappistenbier
witbier widbi:r	Weißbier
witte wijn witə wäin	Weißwein
whisky wiski:	Whisky
wodka wotka:	Wodka

Frisdranken
Alkoholfreie Getränke

appelsap apəlßap	Apfelsaft
cassis 'kaßiß	schwarze Johannisbeerlimonade

fruitsap fröjtßap	Fruchtsaft
jus d'orange schü: dorã:sch	frisch gepresster Orangensaft
chocola scho:ko:la:	Kakao
sinaas ßi:na:ß	Orangenlimonade
spa blauw ßpa: blau	Mineralwasser ohne Kohlensäure
spa rood ßpa: ro:t	Mineralwasser mit Kohlensäure

Warme dranken
Heiße Getränke

koffie kofi:	Kaffee
koffie decafeïne kofi: dekafe:'ji:nə	koffeinfreier Kaffee
koffie verkeerd kofi: fərke:rt	Milchkaffee
kruidenthee kröjdəte:	Kräutertee
thee te:	Tee
thee met citroen te: met ßitrun	Tee mit Zitrone
thee met melk te: met melk	Tee mit Milch
vruchtenthee fröchtəte:	Früchtetee
warme chocola warmə scho:ko:'la:	heiße Schokolade
chocolademelk scho:ko:la:əmelk	Kakao

Info

Der schnelle Imbiss ist sehr beliebt. Entsprechend vielfältig ist auch das Angebot. Da gibt es z. B. den **automatiek** automat'i:k, einen automatisierten Selbstbedienungsschnellimbiss, der gegen Geldeinwurf Fastfood-Gerichte „serviert". Umgangssprachlich heißt es dann z. B. **een kroket uit de muur** (eine Fleischkrokette aus der Wand). Der **broodjeszaak** bro:tjəsa:k ist ein Schnellimbiss, der Sandwiches anbietet. Das **Chinees-Indisch restaurant** schine:s-indis restorant, ein chinesisch-indonesisches Restaurant, hat oft auch einen Außer-Haus-Verkauf (**om mee te nemen** om me: tə ne:mə) mit einem separaten Eingang oder Bestelltresen. Ein sehr einfaches und preisgünstiges Restaurant speziell für Laufkundschaft.

Restaurantsuche

Wo gibt es hier in der Nähe ...	**Waar is er hier in de buurt ...** wa:r iß ər hi:r in də bü:rt ...
... ein Café?	**... een tearoom?** ... ən ti:ru:m?
... eine Kneipe?	**... een café?** ... ən kafe:?
... ein preiswertes Restaurant?	**... een goedkoop restaurant?** ... ən chutko:p reßto:rã:?
... ein typisches Restaurant?	**... een typisch restaurant?** ... ən ti:piß reßto:rã:?
... einen Schnellimbiss?	**... een snackbar?** ... ən ßnekba:r?
Ich möchte einen Tisch für zwei Personen um ... Uhr reservieren.	**I wil graag een tafel voor twee personen om ... uur reserveren.** ik wil chara:ch ən ta:fəl fo:r twe: perßo:nə om ... ü:r reserfe:rə.

Ich möchte einen Tisch für sechs Personen um ... Uhr reservieren.	**I wil graag een tafel voor zes personen om ... uur reserveren.** ik wil chara:ch ən ta:fəl fo:r seß perßo:nə om ... ü:r reserfe:rə.
Wir haben einen Tisch für ... Personen reserviert (auf den Namen ...).	**We hebben een tafel voor ... personen gereserveerd (op naam van ....).** wə hebə ən ta:fəl fo:r ... pərßo:nə chəre:serfe:rt (op na:m fan ...).
Einen Tisch für ... Personen bitte.	**Een tafel voor ... personen, alstublieft.** ən ta:fəl fo:r ... pərßo:nə, alßtü:'bli:ft.
Ist dieser Platz noch frei?	**Is deze plaats nog vrij?** is de:sə pla:tß noch fräi?
Haben Sie einen Hochstuhl?	**Heeft u een kinderstoel?** he:ft ü: ən kindərßtul?
Entschuldigung, wo sind die Toiletten?	**Pardon, waar zijn de toiletten?** par'dõ:, wa:r säin də twaletə?

Bestellen

Ist hier Selbstbedienung?	**Is het hier zelfbediening?** iß ət hi:r selfbədi:ning?
Die Karte bitte.	**De (menu)kaart, alstublieft.** də (mənü:)ka:rt, alßtü:'bli:ft.
Haben Sie die Speisekarte auch auf ...	**Heeft u de menukaart ook in het ...** he:ft ü: də menü:ka:rt o:k in ət ...
... Deutsch?	**... Duits?** ... döjtß?
... Englisch?	**... Engels?** ... engelß?

Info

Den Kellner oder die Kellnerin kann man mit „**meneer**“ məneːr oder „**mevrouw**“ məfrau ansprechen. Es wird aber als höflicher empfunden, über Blickkontakt auf sich aufmerksam zu machen.

Ich möchte nur etwas trinken.	**Ik wil alleen maar iets drinken.** ik wil aleːn maːr iːtß drinkə.
Ich möchte nur eine Kleinigkeit essen.	**Ik wou graag een hapje eten.** ik wau chraːch ən hapjə eːtə.
Gibt es jetzt noch etwas zu essen?	**Kan ik nog iets te eten krijgen?** kan ik noch iːtß tə eːtə kräichə?

Das könnten Sie hören:

◂ **Wat wilt u drinken?** wat wilt üː drinkə?	Was möchten Sie trinken?

Ich möchte ...	**Ik had graag ...** ik hat chraːch ...
... ein Glas Rotwein.	**... een glas rode wijn.** ... ən chlaß roːdə wäin.
... eine Flasche Weißwein.	**... een fles witte wijn.** ... ən fleß witə wäin.
... einen Liter Hauswein.	**... een liter huiswijn.** ... ən liːtər höjßwäin.
... einen halben Liter Hauswein.	**... een halve liter huiswijn.** ... ən halfə liːtər höjswäin.
... ein Viertel Rosé.	**... een kwart liter rosé.** ... ən kwart liːtər roːseː.
... ein Bier.	**... een pilsje.** ... ən pilschə.
... eine Karaffe Wasser.	**... een karaf water.** ... ən karaf waːtər.

... eine Flasche Mineralwasser.	**... een fles bronwater.** ... ən fleß bronwa:tər.
Haben Sie auch offenen Wein?	**Heeft u ook een open wijn?** he:ft ü: o:k ən o:pə wäin?

Das könnten Sie hören:

◂ **Wat wilt u eten?** wat wilt ü: e:tə?	Was möchten Sie essen?

Ich möchte ...	**Ik had graag ...** ik hat chra:ch ...
... das Menü zu ... Euro.	**... het menu van ... euro.** ... ət mənü: fan ... ö:ro:.
... eine Portion ...	**... een portie ...** ... ən porßi: ...
... ein Stück ...	**... een stuk ...** ... ən ßtök ...
Was empfehlen Sie mir?	**Wat kunt u me aanbevelen?** wat könt ü: mə a:mbəfe:lə?
Was ist heute das Tagesgericht?	**Wat is de dagschotel?** wat is də dachßcho:təl?
Was sind die Spezialitäten dieser Region?	**Wat zijn de specialiteiten van de streek?** wat ßäin də ßpe:ßjalitäitə fan də ßtre:k?
Haben Sie ...	**Heeft u ...** he:ft ü: ...
... vegetarische Gerichte?	**... vegetarische gerechten?** ... fe:chəta:rißə chərechtə?
... vegane Gerichte?	**... veganistische gerechten?** ... fe:chanistißə chərechtə?
... glutenfreie Gerichte?	**... glutenvrije gerechten?** ... chlytənfräiə chərechtə?

Ist ... in dem Gericht? Ich darf das nicht essen.	**Is ... in dat gerecht? Ik mag dat niet eten.** iß ... in dat chərecht? ik mach dat ni:t e:tə.
Für mich bitte ohne ...	**Voor mij alstublieft zonder ...** fo:r mäi alßtü:'bli:ft ßondər ...
Kann ich ... statt ... haben?	**Kan ik ... in plaats van ... krijgen?** kan ik ... in pla:tß fan ... kräichə?

Das könnten Sie hören:
◄ **Hoe wilt u uw steak hebben?**
hu wilt ü: ü:u ßte:k hebə?
Wie möchten Sie Ihr Steak?

Blutig.	**Rood (van binnen).** ro:t (fan binə).
Medium rare.	**Medium rare.** mi:dijöm rä:r.
Medium.	**Medium.** mi:dijöm.
Englisch.	**Op de Engelse manier.** op də engəlßə mani:r.
Gut durchgebraten.	**Goed doorbakken.** chut do:r'bakə.

Das könnten Sie hören:
◄ **Wat neemt u als voorgerecht?**
wat ne:mt ü: alß fo:rchərecht?
Was nehmen Sie als Vorspeise?

◄ **Wat neemt u als nagerecht?**
wat ne:mt ü: alß na:chərecht?
Was nehmen Sie als Nachtisch?

Danke, ich nehme ...	**Nee dank u, ik neem ...** ne: dank ü:, ik ne:m ...

... keine Vorspeise.	**... geen voorgerecht.**	... che:n fo:rchərecht.
... keinen Nachtisch.	**... geen nagerecht.**	... che:n na:chərecht.
Ich möchte noch etwas Brot.	**Ik had graag nog wat brood.**	ik hat chra:ch noch wat bro:t.
Bitte bringen Sie mir noch ...	**Brengt u me alstublieft nog ...**	brengt ü: mə alßtü:'bli:ft noch ...
Haben Sie ein Kindermenü?	**Heeft u een kindermenu?**	he:ft ü: ən kindərmənü:?
Können wir für die Kinder eine halbe Portion bekommen?	**Kunnen we voor de kinderen een halve portie krijgen?**	könə wə fo:r də kindərəən halfə porßi: kräichə?
Bringen Sie uns bitte ... für unser Kind.	**Brengt u alstublieft ... voor ons kind.**	brengt ü: alßtü:'bli:ft ... fo:r onß kint.
... ein Extra-Gedeck	**... een extra couvert**	... ən ekßtra ku'fä:r
... einen kleinen Löffel	**... een kleine lepel**	... ən kläinə le:pəl
Können Sie bitte das Fläschchen aufwärmen?	**Kunt u dit flesje opwarmen, alstublieft?**	könt ü: dit fleschə opwarmə, alßtü:'bli:ft?

Info

Das Frühstück (**ontbijt** ond'bäit) besteht aus Müsli oder Brot mit Belag. Mittagessen (**middageten** midache:tə) gibt es zwischen 12 und 13.30 Uhr. Es ist ein kleiner Snack, meistens Sandwiches (**broodje** bro:tjə) und Salat. Die Hauptmahlzeit ist das Abendessen (**avondeten** a:fənte:tə). Es wird in der Regel zwischen 17 und 20 Uhr eingenommen.

Gemeinsam essen

Guten Appetit!	**Smakelijk (eten)!** ßma:kələk (e:tə)!
Danke, gleichfalls!	**Dank u, insgelijks!** dank ü:, inßchəläikß!
Zum Wohl!	**Gezondheid!** chəsonthäit!

Das könnten Sie hören:

◂ **Smaakt het u | jou?** ßma:kt ət ü: | jau? — Schmeckt es Ihnen | dir?

Danke Ihnen, sehr gut.	**Dank u wel, zeer goed.** dank ü: wel, se:r chut.
Dank dir, sehr gut.	**Dank je wel, zeer goed.** dank jə wel, se:r chut.

Das könnten Sie hören:

◂ **Nog een beetje ...?** noch ən be:tjə ...? — Noch etwas ...?

◂ **Wilt u | Wil je iets van deze hebben?** wilt ü: | wil jə i:tß fan de:sə hebə? — Möchten Sie | Möchtest du hiervon?

Ja, gerne.	**Ja, graag.** ja:, chra:ch.
Danke, ich bin satt.	**Dank je wel, ik heb genoeg.** dank jə wel, ik hep chənuch.
Können Sie | Kannst du mir bitte ... reichen?	**Wilt u | Wil je me ... aanreiken?** wilt ü: | wil jə mə ... a:nräikə?
Was ist das?	**Wat is dat?** wat is dat?

Ich möchte keinen Alkohol trinken.	Ik wil geen alcohol drinken. ik wil che:n alko:hol drinkə.
Ich möchte Sie | dich einladen.	Ik wil u | je graag uitnodigen. ik wil ü: | jə chra:ch öjtno:dəchə.
Danke für die Einladung.	Hartelijk bedankt voor de uitnodiging. hartələk bədankt fo:r də 'öjtno:dəching.
Es war ausgezeichnet. ▸Höfliche Wendungen, S. 63	Het was uitstekend. ət waß öjt'ßte:kənt.

Reklamieren

Das habe ich nicht bestellt. Ich wollte ...	Dat had ik niet besteld. Ik wou ... dat hat ik ni:t bəßtelt. ik wau ...
Haben Sie unser ... vergessen?	Heeft u ons ... vergeten? he:ft ü: onß ... fərche:tə?
Hier fehlt noch ...	Hier ontbreekt nog ... hi:r ondbre:kt noch ...
Das Essen ist ...	Het eten is ... hət e:tə iß ...
... kalt.	... koud. ... kaut.
... versalzen.	... te zout. ... tə saut.
Das Fleisch ist nicht lang genug gebraten.	Het vlees is niet lang genoeg gebraden. ət fle:ß iß ni:t lang chənuch chəbra:də.
Das Fleisch ist zäh.	Het vlees is taai. ət fle:ß iß tai.

Bitte nehmen Sie es zurück. — **Neemt u het terug, alstublieft.** ne:mt ü: ət təröch, alßtü:'bli:ft.

Bezahlen

Die Rechnung bitte! — **De rekening, alstublieft!** də re:kəning, alßtü:'bli:ft!

Ich hätte gerne eine Quittung. — **Ik had graag een bon.** ik hat chra:ch ən bon.

Wir möchten getrennt bezahlen. — **We willen graag apart afrekenen.** wə wilə chra:ch apart afre:kənə.

Bitte alles zusammen. — **Alles bij elkaar, alstublieft.** aləß bäi elka:r, alßtü:'bli:ft.

Das könnten Sie hören:

◂ **Heeft het u gesmaakt?** he:ft ət ü: chəßma:kt?

Hat es Ihnen geschmeckt?

Sagen Sie bitte dem Koch mein Kompliment! — **Met de complimenten voor de kok!** me də komplimentə fo:r də kok!

Ich glaube, hier stimmt etwas nicht. — **Ik denk dat er hier iets niet klopt.** ik denk dat ər hi:r i:tß ni:t klopt.

Rechnen Sie es mir bitte vor. — **Kunt u dat voor mij even narekenen, alstublieft?** könt ü: dat fo:r mäi e:fə na:re:kənə, alßtü:'bli:ft?

Es stimmt so. — **Het is goed zo.** ət iß chut ßo:.

Vielen Dank. — **Hartelijk bedankt.** hartələk bədankt.

Weitere Wörter

Abendessen	**het avondeten** a:fənte:tə
Aschenbecher	**de asbak** asbak
Bedienung *(Kellner)*	**de bediening** bədi:ning
Bedienung *(Service)*	**de bediening** bədi:ning
Beilage	**het bijgerecht** bäichərecht
belegtes Brot	**het belegd (stok)broodje** bəlecht (ßtok)bro:tjə
Besteck	**het bestek** bəßtek
bestellen	**bestellen** bəßtelə
bezahlen	**betalen** bəta:lə
getrennt bezahlen	**apart afrekenen** apart afre:kənə
zusammen bezahlen	**alles bij elkaar afrekenen** aləß bäi elka:r afre:kənə
Brot	**het brood** bro:t
Brötchen	**het broodje** bro:tje
Butter	**de boter** bo:tər
Diät	**het dieet** di:je:t
durstig sein	**dorst hebben** dorßt hebə
essen	**eten** e:tə
Essen	**het eten** e:tə
Essig	**de azijn** a'säin
fett	**vet** fet
Fisch	**de vis** fiß
Fläschchenwärmer	**de flessenwarmer** fleßəwarmər
Flasche	**de fles** fleß
Fleisch	**het vlees** fle:ß
frisch	**vers** ferß
Frühstück	**het ontbijt** ond'bäit
frühstücken	**ontbijten** ond'bäitə
Gabel	**de vork** fork
Gang	**de gang** chang
Gebäck	**het gebak** chəbak

Gedeck	**het couvert** ku'fä:r
Gemüse	**de groente** chruntə
Gericht	**het gerecht** chərecht
Getränk	**de drank** drank
gewürzt	**gekruid** chəkröjt
Glas	**het glas** chlaß
Gräte	**de graat** chra:t
Hauptgericht	**het hoofdgerecht** ho:ftchərecht
hausgemacht	**zelf bereid** self bəräit
heiß	**heet** he:t
hungrig sein	**honger hebben** hongər hebə
Joghurt	**de yoghurt** jochərt
Kakao	**(warme) chocola** (warmə) scho:ko:'la:
kalt	**koud** kaut
Kartoffeln	**aardappelen** a:rdapələ
Käse	**kaas** ka:ß
Kellner	**de ober** o:bər
Kellnerin	**de serveerster** ßer'fe:rßtər
Ketchup	**de ketchup** ketschöp
Kinderteller	**de kinderportie** kindərporßi:
Kneipe	**het café** kafe:
Knoblauch	**de knoflook** knoflo:k
Kuchen	**het gebak** chəbak
Löffel	**de lepel** le:pəl
mager	**mager** ma:chər
Margarine	**de margarine** marchari:nə
Marmelade	**de jam** schem
Mayonnaise	**de mayonaise** majo:nä:sə
Menü	**het menu** mənü:
Messer	**het mes** meß
Mineralwasser mit Kohlensäure	**het bronwater met koolzuur** bronwa:tər med ko:lsü:r
Mineralwasser ohne Kohlensäure	**het bronwater zonder koolzuur** bronwa:tər sondər ko:lsü:r

Mittagessen	**het middageten** midache:tə
Nachtisch	**het nagerecht** na:chərecht
Nudeln	**de pasta's** paßtaß
Obst	**het fruit** fröjt
Öl	**de olie** o:li:
Pfeffer	**de peper** pe:pər
Pilze	**de paddestoelen** padəßtulə
Pizza	**de pizza** pidsa
Portion	**de portie** porßi:
Reis	**de rijst** räißt
Restaurant	**het restaurant** reßto:rã:
Rindfleisch	**rundvlees** röntfle:ß
roh	**rauw** rau
Rohkost	**de rauwkost** raukoßt
Sahne *(meist süß)*	**de slagroom** ßlachro:m
Salat	**de sla** ßla:
Salatsoße	**de slasaus** ßla:ßauß
Salz	**het zout** saut
Salzstreuer	**het zoutvaatje** 'sautfa:tjə
satt sein	**genoeg hebben** chənuch hebə
sauer	**zuur** sü:r
scharf	**scherp** ßcherp
schmecken	**smaken** ßma:kə
Schonkost	**de dieetkost** di:je:tkoßt
Senf	**de mosterd** moßtərt
Serviette	**het servet** ßerfet
Soße	**de saus** ßauß
Spezialität	**de specialiteit** ßpe:ßjalitäit
Stück	**het stuk** ßtök
Stuhl	**de stoel** ßtul
Suppe	**de soep** ßup
süß	**zoet** sut
Süßstoff	**de zoetstof** sutßtof
Tasse	**de kop** kop

Tee	de thee te:
Teelöffel	de theelepel te:le:pəl
Teller	het bord bort
Tisch	de tafel ta:fəl
trinken	drinken drinkə
Trinkgeld	de fooi fo:i
vegetarisch	vegetarisch fe:chəta:riß
Vorspeise	het voorgerecht fo:rchərecht
Wasser	het water wa:tər
Wein	de wijn wäin
Zahnstocher	de tandenstoker tandəßto:kər
Zucker	de suiker ßöjkər

Unterwegs in der Stadt

... die wichtigsten Sätze

Entschuldigung, wo ist ...?
Pardon, waar is ...? par'dõ:, wa:r iß ...?

Wie komme ich nach ...?
▸Orientierung, S. 118
Hoe kom ik naar ...? hu kom ik na:r ...?

Wo ist die Touristeninformation?
Waar is het VVV?
wa:r is ət fe:fe:fe:?

Können Sie mir ein gutes Hotel empfehlen?
Kunt u mij een goed hotel aanbevelen?
könt ü: mäi ən chut ho:tel a:mbəfe:lə?

Ist es weit von hier?
Is het hier ver vandaan?
iß ət hi:r fe:r fan'da:n?

Ich möchte einen Stadtplan.
Ik had graag een plattegrond.
ik hat chra:ch ən platəchront.

Wann ist ... geöffnet?
▸Touristeninformation, S. 120
Wanneer gaat ... open?
wane:r cha:t ... o:pə?

Wo ist die nächste U-Bahn-Station?
Waar is het dichtstbijzijnde metrostation?
wa:r iß ət 'dichßdbäisäində me:tro:ßtaßjon?

Fährt dieser Bus nach ...?

Rijdt deze bus naar ...?
räit de:sə böß na:r ...?

Gibt es Tageskarten?

Bestaan er dagkaarten?
bəßta:n er dachka:rtə?

Bitte einen Fahrschein nach ...

▸*Mit Bus und Bahn*, S. 123

Een kaartje naar ..., alstublieft.
ən ka:rtjə na:r ..., alßtü:'bli:ft.

Wo bekomme ich ein Taxi?

▸*Mit dem Taxi*, S. 125

Waar kan ik een taxi krijgen?
wa:r kan ik ən takßi: kräichə?

Wie viel kostet es nach ...?

Hoeveel kost het naar ...?
hufe:l koßt ət na:r ...?

Entschuldigung, wo ist hier ein Geldautomat?

▸*Bank*, S. 128

Pardon, war is er hier een geldautomaat?
pardõ, wa:r iß ər hi:r ən cheltautoma:t?

Was kostet eine Karte nach ...?

▸*Post*, S. 130

Wat kost een kaartje naar ...?
wat koßt ən ka:rtjə na:r ...?

Wo gibt es kostenlosen WLAN-Zugang?

▸*Kommunikation*, S. 131

Waar vind ik hier gratis wifi-hotspots?
wa:r fint ik hi:r chra:tiß wi:fi:-hotßpotß?

Wie lautet das Passwort?

▸*Kommunikation*, S. 131

Wat is het wachtwoord?
wat is ət wachtwo:rt?

Orientierung

Entschuldigung, wo ist ...?	Pardon, waar is ...? par'dõ:, wa:r iß ...?
Wie komme ich zu ...?	Hoe kom ik naar ...? hu kom ik na:r ...?
Können Sie mir das auf der Karte zeigen?	Kunt u mij dat op de kaart laten zien? könt ü: mäi dat op də ka:rt la:tə si:n?
Wie viele Minuten zu Fuß?	Hoeveel minuten zijn het te voet? hufe:l minü:tə säin ət tə fut?
Ist das die Straße nach ...?	Is dit de weg naar ...? is dit də wech na:r ...?

Das könnten Sie hören:

◂Het spijt me, dat weet ik niet.
ət ßpäit mə, dat we:t ik ni:t.
Tut mir leid, das weiß ich nicht.

◂Bij het volgende stoplicht ...
bäi ət folchəndə ßtoplicht ...
An der nächsten Ampel ...

◂Bij het volgende kruispunt ...
bäi ət folchəndə kröjßpönt ...
An der nächsten Kreuzung ...

◂De eerste straat rechts.
də e:rßtə ßtra:t rechß.
Die erste Straße rechts.

◂De tweede straat links.
də twe:də ßtra:t lingß.
Die zweite Straße links.

◂Steekt u ... over. ßte:kt ü: ... o:fər.	Überqueren Sie ...
... het plein ... ət pläin	... den Platz.
... de straat ... də ßtra:t	... die Straße.
◂U kunt de ... nemen. ü: kont də ... ne:mə.	Sie können ... nehmen.
... bus ... böß	... den Bus
... metro ... me:tro:	... die U-Bahn

Orts- und Richtungsangaben

achter	hinter
bocht	Kurve
daar	dort
daar achter (door)	dort hinten
hier	hier
hierlangs	hier entlang
links	links
kruispunt	Kreuzung
naar links	nach links
naar rechts	nach rechts
naast	neben
nabij	nahe bei
niet ver	nicht weit
nogal ver	ziemlich weit
rechtdoor	geradeaus
rechts	rechts

stoplicht	Ampel
straat	Straße
tegenover	gegenüber
terug	zurück
de trap af	die Treppe hinauf
de trap op	die Treppe hinunter
voor	vor

Touristeninformation

Wo ist die Touristeninformation?	Waar is het VVV (B: de toeristische dienst)? wa:r is ət fe:fe:fe: (B: də tu:rißtißə di:nßt)?
Wissen Sie, wo ich hier ein Zimmer finden kann?	Weet u waar ik hier een kamer kan vinden? we:t ü: wa:r ik hi:r ən ka:mer kan fində?
Können Sie mir ... empfehlen?	Kunt u mij ... aanbevelen? könt ü: mäi ... a:mbəfe:lə?
... ein gutes Hotel	... een goed hotel ... ən chut ho:tel
... ein preiswertes Hotel	... een goedkoop hotel ... ən chutko:p ho:tel
... eine Pension	... een pension ... ən penßjon
... eine Privatunterkunft	... een kamer bij een particulier ... ən ka:mər bäi ən partikü:li:r
Wie viel kostet es (ungefähr)?	Hoeveel kost het (ongeveer)? hufe:l koßt ət (onchəfe:r)?

Können Sie für mich dort reservieren? *▸Hotel, S. 70*	Kunt u daar voor mij reserveren? könt ü: da:r fo:r mäi re:serfe:rə?
Gibt es hier ...	Is er hier ... iß ər hi:r ...
... eine Jugendherberge?	... een jeugdherberg? ... ən jö:chtherberch?
... einen Campingplatz?	... een camping? ... ən kemping?
Ist es weit von hier?	Is het hier ver vandaan? iß ət hi:r fe:r fan'da:n?
Wie komme ich dorthin?	Hoe kom ik daar? hu kom ik da:r?
Wo gibt es kostenlosen WLAN-Zugang?	Waar vind ik hier gratis wifi-hotspots? wa:r fint ik hi:r chra:tiß wi:fi:-hotßpotß?
Ich möchte ...	Ik had graag ... ik hat chra:ch ...
... einen Plan von der Umgebung.	... een kaart van de omgeving. ... ən ka:rt fan də omche:fing.
... einen Stadtplan.	... een plattegrond. ... ən platəchront.
... einen U-Bahn-Plan.	... een lijnplan van de metro. ... ən läinplan fan də me:tro:.
... einen Veranstaltungskalender.	... een evenementenagenda. ... ən e:fənəmentənachenda.
Ich möchte ... besichtigen.	Ik wil graag ... bezoeken. ik wil chra:ch ... bəsukə.
Gibt es ...	Zijn er ... säin ər ...
... Stadtrundfahrten?	... stadsrondritten? ... ßtatßrontritə?

... Stadtführungen?	**... stadsrondleidingen?** ... ßtatßrontläidingə?
Haben Sie auch Prospekte auf Deutsch?	**Heeft u ook folders in het Duits?** he:ft ü: o:k foldərß in ət döjtß?
Was kostet die ...	**Wat kost de ...** wat koßt də ...
... Rundfahrt?	**... rondrit?** ... rontrit?
... Führung?	**... rondleiding?** ... rontläiding?
Wie lange dauert die ...	**Hoe lang duurt de ...** hu lang dü:rt də ...
... Rundfahrt?	**... rondrit?** ... rontrit?
... Führung?	**... rondleiding?** ... rontläiding?
Bitte ... für die Stadtrundfahrt.	**Voor de stadtsrondrit alstublieft ...** fo:r də ßtatßrontrit alßtü'blift ...
... eine Karte	**... een kaart.** ... e:n ka:rt.
... zwei Karten	**... twee kaarten.** ... twe: ka:rtə.
Welche Sehenswürdigkeiten gibt es hier?	**Welke bezienswaardigheden zijn er hier?** welkə bəsi:nßwa:rdəche:də säin ər hi:r?
Wann ist ... geöffnet?	**Wanneer gaat ... open?** wane:r cha:t ... o:pə?
Bitte für den Ausflug morgen nach ... einen Platz.	**Voor het uitstapje naar ... een plaats, alstublieft.** fo:r ət öjtßtapjə morchə na:r ... e:n pla:tß, alßtü'blift.
Wann treffen wir uns?	**Hoe laat spreken we af?** hu la:t ßpre:kə wə af?

Wo treffen wir uns? **Waar spreken we af?** wa:r ßpre:kə wə af?

Besichtigen wir auch ...? **Bezoeken we ook ...?** besukə wə o:k ...?

Bus, Bahn, Taxi

Mit Bus und Bahn

Wo ist ... **Waar is ...** wa:r iß ...

... die nächste U-Bahn-Station? **... het dichtstbijzijnde metrostation?** ... ət 'dichßdbäisäində me:tro:ßtaßjon?

... die nächste Bushaltestelle? **... de dichtstbijzijnde bushalte?** ... də 'dichßdbäisäində bößhaltə?

... die nächste Straßenbahnhaltestelle? **... de dichtstbijzijnde tramhalte?** ... də 'dichßdbäisäində tremhaltə?

Info

Für die meisten öffentlichen Verkehrsmittel in den Niederlanden brauchen Sie eine Smartcard (**OV-chipkaart** o:we:-tschipka:rt). Die Karte bekommt man an Bahnhöfen, Kiosken und bei zahlreichen Supermärkten. Sie wird am Schalter oder Automaten mit Guthaben und Spezialtarifen, den so genannten **reisproducten** räißprodöktə, aufgeladen. Beim **inchecken** intschekə und beim **uitchecken** öjtschekə am Chipkartenleser wird jeweils der Fahrpreis abgebucht bzw. werden Rabatte berechnet.

Wo hält der Bus nach …?	**Waar vertrekt de bus naar …?** wa:r fərtrekt də böß na:r …?
Wo hält die Straßenbahn nach …?	**Waar vertrekt de tram naar …?** wa:r fərtrekt də trem na:r …?
Welcher Bus fährt nach …?	**Welke bus rijdt naar …?** welkə böß räit na:r …?
Welche U-Bahn fährt nach …?	**Welke metro rijdt naar …?** welkə me:tro: räit na:r …?

Das könnten Sie hören:

◂ **Bus nummer …** böß nömər …	Der Bus Nummer …
◂ **De lijn (nummer) …** də läin (nömər) …	Die Linie …

Wann fährt der nächste Bus nach …?	**Hoe laat vertrekt de volgende bus naar …?** hu la:t fərtrekt də folchəndə böß na:r …?
Wann fährt die nächste Straßenbahn nach …?	**Hoe laat vertrekt de volgende tram naar …?** hu la:t fərtrekt də folchəndə trem na:r …?
Wann fährt der letzte Bus?	**Hoe laat vertrekt de laatste bus?** hu la:t fərtrekt də la:tßtə böß?
Fährt dieser Bus nach …?	**Rijdt deze bus naar …?** räit de:sə böß na:r …?
Gibt es Niederflurbusse?	**Zijn er bussen met lage instap?** säin ər bößə met la:chə inßtap?
Muss ich nach … umsteigen?	**Moet ik naar … overstappen?** mut ik na:r … o:fərßtapə?

Könnten Sie mir bitte beim ... helfen?	**Kunt u mij helpen ..., alstublieft?** könt ü: mäi helpə ..., alßtü:'bli:ft?
... Einsteigen	**... instappen** ... inßtapə
... Aussteigen	**... uitstappen** ... öjtßtapə
Sagen Sie mir bitte, wo ich aussteigen muss?	**Zegt u me alstublieft, waar ik moet uitstappen?** secht ü: mə alßtü'blift, wa:r ik mut öjtßtapə?
Wo gibt es die Fahrscheine?	**Waar zijn de kaartjes verkrijgbaar?** wa:r säin də ka:rtjəß fərkräichba:r?
Bitte einen Fahrschein nach ...	**Een kaartje naar ..., alstublieft.** ən ka:rtjə na:r ..., alßtü:'bli:ft.
Gibt es ...	**Bestaan er ...** bəßta:n er ...
... Tageskarten?	**... dagkaarten?** ... dachka:rtə?
... Mehrfahrten-karten?	**... kortingen voor meerdere ritten?** ... kortingə fo:r me:rdərə ritə?
Bis zu welchem Alter fahren Kinder umsonst?	**Tot welke leeftijd rijden kinderen gratis mee?** tot welkə le:ftäit räidə kindərə chra:tiß me:?

Mit dem Taxi

Wo bekomme ich ein Taxi?	**Waar kan ik een taxi krijgen?** wa:r kan ik ən takßi: kräichə?
Bitte bestellen Sie mir für (morgen um) ... Uhr ein Taxi.	**Roept u voor mij voor (morgen om) ... uur een taxi, alstublieft!** rupt ü: fo:r mäi fo:r (morchə om) ... ü:r ən takßi:, alßtü:'bli:ft!

Sind Sie frei?	**Bent u vrij?** bent ü: fräi?
Bitte …	**…, alstublieft!** …, alßtü:'bli:ft!
… zum Bahnhof!	**… Naar het station** … na:r ət ßta'ßjon
… zum Flughafen!	**… Naar de luchthaven** … na:r də löchtha:fə
… zum Hotel …!	**… Naar het hotel …** … na:r ət ho:tel …
… in die Innenstadt!	**… Naar het centrum** … na:r ət ßentröm
… in die … Straße!	**… Naar de … straat** … na:r də … ßtra:t
… zu einem guten Club!	**… Naar een goede club** … na:r ən chu:iə klüp
Wie viel kostet es nach …?	**Hoeveel kost het naar …?** hufe:l koßt ət na:r …?
Man hat mir (im Hotel) gesagt, dass es nur … kostet.	**Men heeft mij (in het hotel) gezegd dat het maar … zou kosten.** men he:ft mäi (in ət ho:tel) chəsecht dat ət ma:r … sau koßtə.
Bitte schalten Sie den Taxameter ein.	**Zet u de taxameter aan, alstublieft.** set ü: də takßame:tər a:n, alßtü:'bli:ft.
Fahren Sie bitte etwas langsamer.	**Rijdt u alstublieft iets langzamer.** räit ü: alßtü:'bli:ft i:tß langsa:mər.
Warten Sie hier bitte (einen Augenblick)!	**Wacht u hier alstublieft (een ogenblikje)!** wacht ü: hi:r alßtü'blift (ən o:chənblikjə)!
Halten Sie hier bitte (einen Augenblick)!	**Stopt u hier alstublieft (een ogenblikje)!** ßtopt ü: hi:r alßtü'blift (ən o:chənblikjə)!
Das Wechselgeld ist für Sie!	**Het wisselgeld is voor u!** ət wißəlchelt iß fo:r ü:!

Weitere Wörter

Abfahrt	**het vertrek** fərtrek
aussteigen	**uitstappen** öjtßtapə
Busbahnhof	**het busstation** bößtaßjon
Endstation	**het eindstation** äintßtaßjon
entwerten	**afstempelen (B: ontwaarden)** afßtempələ (B: ontwa:rdə)
Entwerter	**de stempelautomaat (B: het ontwaardingstoestel)** ßtempəlauto:ma:t (B: ontwa:rdingß-tußtel)
Fahrer(in)	**de chauffeur** scho:fö:r
Fahrkarte	**het treinkaartje** träinka:rtjə
Fahrkartenautomat	**de kaartautomaat** ka:rtauto:ma:t
Fahrplan	**de dienstregeling** di:nßtrechəling
Fahrpreis	**het tarief** tari:f
Fahrstuhl	**de lift** lift
halten	**stoppen** ßtopə
Haltestelle	**de halte** haltə
Kontrolleur(in)	**de controleur** kontro:lö:r
Richtung	**de richting** richting
Rollstuhl	**de rolstoel** rolßtul
Rolltreppe	**de roltrap** roltrap
S-Bahn®	**de sneltram** ßneltram
Schaffner(in)	**de conducteur/-trice** kondök'tö:r/-trisə
Stadtzentrum	**het stadscentrum** ßtatßentröm
stufenlos	**traploos** traplo:ß
Taxistand	**de taxistandplaats** takßi:ßtantpla:tß
umsteigen	**overstappen** o:fərßtapə

Bank

Entschuldigen Sie bitte, wo ist hier ...	**Pardon, waar is er hier ...** pardõ, wa:r iß ər hi:r ...
... eine Bank?	**... een bank?** ... ən bank?
... ein Geldautomat?	**... een geldautomaat?** ... ən cheltautoma:t?
Wo kann ich Geld wechseln?	**Waar kan ik geld wisselen?** wa:r kan ik chelt wißələ?
Ich möchte ... Schweizer Franken umtauschen.	**Ik wil graag ... Zwitserse franken wisselen.** ik wil chra:ch ... switßərßə frankə wißələ.
Wie hoch sind die Gebühren?	**Hoe hoog is de provisie?** hu ho:ch is də pro:fi:si:?
Wie ist der Wechselkurs heute?	**Hoe is de wisselkoers vandaag?** hu is də wißəlku:rß fan'da:ch?

Das könnten Sie hören:

◂ **Uw identiteitsbewijs, alstublieft.**
ü:u identitäitsbəwäiß, alßtü:'bli:ft.
Ihren Ausweis bitte.

◂ **Hier ondertekenen, alstublieft.**
hi:r ondərte:kənə, alßtü:'bli:ft.
Unterschreiben Sie bitte hier.

◂ **Hoe wilt u het geld hebben?**
hu wilt ü: ət chelt hebə?
Wie möchten Sie das Geld haben?

In kleinen Scheinen, bitte.	**In kleine coupures, alstublieft.** in kläinə kupü:rəß, alßtü:'bli:ft.

Geben Sie mir bitte auch etwas Kleingeld.	**Geeft u me ook wat kleingeld, alstublieft.** che:ft ü: mə o:k wat kläinchelt, alßtü:'bli:ft.
Der Geldautomat hat meine Karte einbehalten.	**De geldautomaat heeft mijn kaart ingetrokken.** də cheltauto:ma:t he:ft mən ka:rt inchətrokə.
Ich habe meine Geheimzahl vergessen.	**Ik ben mijn pin vergeten.** ik ben mən pin fərche:tə.

Weitere Wörter

Banküberweisung	**de overschrijving per bankgiro** o:fərßchräifing per bankchi:ro:
Betrag	**het bedrag** bədrach
Euro	**de euro** ö:ro:
Debitkarte	**de pinpas** pinpaß
Geheimzahl	**de pincode** pinko:də
Geld	**het geld** chelt
Geldautomat	**de geldautomaat** cheltauto:ma:t
Kartennummer	**het kaartnummer** ka:rtnömər
Kreditkarte	**de creditcard** kreditka:rt
Kurs	**de koers** ku:rß
Münze	**de munt** mönt
Schalter	**de balie** ba:li:
Schweizer Franken	**de Zwitserse franken** switßərßə frankə
Überweisung	**de overschrijving** o:fərßchräifing
Unterschrift	**de handtekening** hante:kəning
Währung	**de valuta** falü:ta
Wechselstube	**het wisselkantoor** wißəlkanto:r

Post

Wo ist ...	Waar is ... wa:r iß ...
... das nächste Postamt?	... het dichtstbijzijnde postkantoor? ... ət 'dichßdbäisäində poßtkanto:r?
... der nächste Briefkasten?	... de dichtstbijzijnde brievenbus? ... də 'dichßdbäisäində bri:fəböß?
Was kostet ein Brief ...	Wat kost een brief ... wat koßt ən bri:f ...
... nach Deutschland?	... naar Duitsland? ... na:r döitßlant?
... nach Österreich?	... naar Oostenrijk? ... na:r o:ßtəräik?
... in die Schweiz?	... naar Zwitserland? ... na:r switßərlant?
Ich möchte dieses Paket per ... aufgeben.	Ik wil graag dit pakket versturen per ... ik wil chra:ch dit paket fərßtü:rə ...
... Luftpost	... luchtpost. ... löchtpoßt.
... Express	... expresse. ... ekßpreß.

Weitere Wörter

Absender	de afzender afßendər
Adresse	het adres adreß
Ansichtskarte	de ansichtkaart ansichtka:rt
Briefmarke	de postzegel poßtße:chəl
Empfänger	de ontvanger ontfangər
Päckchen	het pakje pakjə
Postleitzahl	de postcode poßtko:də
schicken	sturen ßtü:rə
Wertangabe	de aangegeven waarde a:nchəche:fə wa:rdə

Wertpaket	**het pakje met aangegeven waarde** pakjə met a:nchəche:fə wa:rdə
zerbrechlich	**breekbaar** bre:kba:r

Kommunikation

Telefon

Ich möchte eine SIM-Karte kaufen. — **Ick wil graag een simkaart kopen.** ik wil chra:ch ən ßimka:rt ko:pə.

Info

Prepaid- und SIM-Karten erhalten Sie in den Läden der verschiedenen Telefonanbieter sowie in Supermärkten, Drogerien und an Tankstellen.

Hallo? Hier ist ... — **Hallo? U spreekt met ...** halo:? ü: ßpre:kt met ...

Ich möchte ... sprechen. — **Ik wil graag met ... spreken.** ik wil chra:ch met ... ßpre:kə.

Das könnten Sie hören:

◀ **... is er helaas niet.** — ... ist leider nicht da.
... iß ər he:'la:ß ni:t.

◀ **... is vandaag niet aanwezig.**
... iß fan'da:ch ni:t a:n'we:səch.
— ... ist heute nicht im Haus.

◀ **Kan ik een boodschap doorgeven?**
kan ik ən bo:tßchap do:rche:fə?
— Kann ich etwas ausrichten?

◂**Ik verbind u door.** Ich verbinde.
ik fərbint ü: do:r.

◂**... is in gesprek.** ... spricht gerade.
... iß in chəßprek.

◂**Blijft u aan het toestel, alstublieft.**
bläift ü: a:n ət tußtel, alßtü:'bli:ft.
Bitte bleiben Sie am Apparat.

Die Verbindung ist schlecht. **De verbinding is slecht.**
də fərbinding iß ßlecht.

Ich rufe später noch mal an. **Ik bel later nog eens op.**
ik bel la:tər noch ənß op.

Weitere Wörter

Akku	**de accu** akü
aufladen	**opladen** opla:də
Benutzername	**de gebruikersnaam** chəbröjkaerßna:m
Handy	**de gsm** che:eßem
Handynummer	**het gsm-nummer** che:eßem-nömər
Ladekabel	**de oplader** opla:dər
Passwort	**het wachtwoord** wachtwo:rt
Ladegerät	**de batterijlader** batəräila:dər
Mobiltelefon	**het mobieltje** mo:bi:ltjə
SMS	**de sms** eßemeß
Telefon	**de telefoon** te:ləfo:n
Telefonnummer	**het telefoonnummer** te:ləfo:nnömər

Einkaufen

... die wichtigsten Sätze

Wie viel kostet das?	**Hoeveel kost dat?**	hufe:l koßt dat?
Das ist mir zu teuer.	**Dat vind ik te duur.**	dat fint ik tə dü:r.
Kann ich mit (dieser) Kreditkarte zahlen?	**Kann ik met (deze) creditcard betalen?**	kan ik met (de:sə) kreditka:rt bəta:lə?
Wo bekomme ich ...?	**Waar kan ik ... krijgen?**	wa:r kan ik ... kräichə?
Danke, ich sehe mich nur um.	**Bedankt, ik ben alleen aan 't kijken.**	bədankt, ik ben ale:n a:nt käikə.
Ich hätte gerne ...	**Ik had graag ...**	ik hat chra:ch ...
Das gefällt mir nicht so gut.	**Dat bevalt me niet zo.**	dat bəfalt mə ni:t ßo:.
Danke, das ist alles. ▸*Fragen & Wünsche, S. 136*	**Bedankt, dat was het.**	bədankt, dat waß ət.
Was ist das?	**Wat is dat?**	wat is dat?
Bitte ein Stück davon.	**Een stuk van deze, alstublieft.**	ən ßtök fan de:sə, alßtü:'bli:ft.

Bitte geben Sie mir 1 Kilo ...
Geeft u me een kilo ..., alstublieft.
che:ft ü: mə ən ki:lo: ..., alßtü:'bli:ft.

Kann ich probieren? **Mag ik proeven?**
mach ik prufə?
▸*Lebensmittel, S. 141*

Ich suche ... **Ik zoek ...**
ik ßuk ...

Ich habe Größe ... **Ik heb maat ...**
ik hep ma:t ...

Welches Material ist das?
Wat voor materiaal is dit?
wat fo:r matərja:l is dit?

Kann ich das anprobieren?
Kan ik dat passen?
kan ik dat paßə?

Es steht mir nicht. **Het staat me niet.**
ət ßta:t mə ni:t.

Das passt mir nicht. **Dat past niet.**
dat paßt ni:t.

Das passt gut. **Dat zit goed.**
dat ßit chut.
▸*Kleidung, S. 146*

Ich habe Schuhgröße ...
Ik heb maat ...
ik hep ma:t ...

Sie sind zu groß. **Ze zijn te groot.**
sə säin tə chro:t.
▸*Schuhe, S. 150*

Info

In den Niederlanden werden sehr viel häufiger als bei uns auch Kleinstbeträge beim Einkaufen mit pinpaß (Debitkarte) beglichen. In manchen Supermärkten wird das pinnen (Kartenzahlung) geradezu erwartet.

Fragen & Wünsche

Wie viel kostet das?	Hoeveel kost dat? hufe:l koßt dat?
Was kostet ...?	Wat kost ...? wat koßt ...?
Was kosten ...?	Wat kosten ...? wat koßtə ...?
Können Sie den Preis aufschreiben?	Kunt u de prijs opschrijven? könt ü: də präis opßchräifə?
Das ist mir zu teuer.	Dat vind ik te duur. dat fint ik tə dü:r.
Können Sie mir mit dem Preis entgegenkommen?	Doet u misschien nog iets van de prijs af? dut ü: məßchi:n noch i:tß fan də präiß af?
Machen Sie mir einen guten Preis!	Kunt u er een mooi prijsje van maken? könt ü: ər ən mo:j präischə fan ma:kə?
Kann ich es etwas billiger bekommen?	Kan ik korting krijgen? kan ik korting kräichə?
Geben Sie einen Nachlass, wenn ich bar zahle?	Geeft u reductie als ik contant betaal? che:ft ü: korting alß ik kontant bəta:l?

Für ... nehme ich es.	**Voor ... neem ik 'm mee.** fo:r ... ne:m ik əm me:.
Haben Sie auch etwas Preiswerteres?	**Heeft u ook iets goedkopers?** he:ft ü: o:k i:tß chutko:pərß?
Haben Sie ein Sonderangebot?	**Heeft u een speciale aanbieding?** he:ft ü: ən ßpe:ßja:lə a:mbi:ding?
Kann ich mit ... zahlen?	**Kann ik met ... betalen?** kan ik met ... bəta:lə?
... Debitkarte	**... pinpas** ... pinpaß
... (dieser) Kreditkarte	**... (deze) creditcard** ... (de:sə) kreditka:rt
Ich hätte gerne eine Quittung.	**Ik had graag een kwitantie, alstublieft.** ik hat chra:ch ən kwi'tanßi:, alßtü:'bli:ft.
Wo bekomme ich ...?	**Waar kan ik ... krijgen?** wa:r kan ik ... kräichə?

Das könnten Sie hören:

◂ **Wat had u graag?** wat hat ü: chra:ch?	Was wünschen Sie?
◂ **Wordt u al geholpen?** wort ü: al chəholpə?	Kann ich Ihnen helfen?

Danke, ich sehe mich nur um.	**Bedankt, ik ben alleen aan 't kijken.** bədankt, ik ben ale:n a:nt käikə.
Ich werde schon bedient.	**Ik word al geholpen.** ik wort al chəholpə.
Ich hätte gerne ...	**Ik had graag ...** ik hat chra:ch ...

Das könnten Sie hören:
◂ Het spijt me, we hebben geen ... meer.
ət ßpäit mə, wə hebə che:n ... me:r.
Es tut mir leid, wir haben keine ... mehr.

Das gefällt mir nicht so gut.	Dat bevalt me niet zo. dat bəfalt mə ni:t ßo:.
Zeigen Sie mir bitte ...	Laat u mij ... zien, alstublieft. la:t ü: mə ... si:n, alßtü:'bli:ft.
Können Sie mir noch etwas anderes zeigen?	Kunt u mij nog iets anders laten zien? könt ü: mäi noch i:tß andərß la:tə si:n?
Ich muss mir das noch mal überlegen.	Daar moet ik nog eens over nadenken. da:r mut ik noch əns o:fər na:denkə.
Ich nehme es.	Ik neem het. ik ne:m ət.

Das könnten Sie hören:
◂ Anders nog iets?
andərß noch i:tß?
Darf es sonst noch etwas sein?

Danke, das ist alles.	Bedankt, dat was het. bədankt, dat waß ət.
Haben Sie eine Tüte?	Heeft u een zakje? he:ft ü: ən sakjə?
Können Sie es als Geschenk einpacken?	Kunt u het als cadeau inpakken? könt ü: ət alß kado: impakə?
Können Sie es mir für die Reise verpacken?	Kunt u dat voor mij voor op reis verpakken? könt ü: dat fo:r mäi fo:r op räiß fərpakə?

Können Sie das nach Deutschland schicken?	**Kunt u dat naar Duitsland sturen?** könt üː dat naːr döjtßlant ßtüːrə?
Ich möchte das ...	**Ik wou dit graag ...** ik wau dit chraːch ...
... umtauschen.	**... ruilen.** ... röjlə.
... zurückgeben.	**... teruggeven.** ... təröcheːfə.

Weitere Wörter

Ausverkauf	**de uitverkoop** öjtfərkoːp
billig	**goedkoop** chutkoːp
billiger	**goedkoper** chutkoːpər
geben	**geven** cheːfə
Geld	**het geld** chelt
Geschenk	**het cadeau** kadoː
(zu) groß	**(te) groot** (tə) chroːt
größer	**groter** chroːtər
kaufen	**kopen** koːpə
kosten	**kosten** koßtə
Kreditkarte	**de creditcard** kreditkaːrt
Quittung	**de kwitantie** kwi'tanßiː
Schaufenster	**de etalage** eːta'laːschə
Schlussverkauf	**de opruiming** opröjming
Selbstbedienung	**de zelfbediening** selfbədiːning
Sonderangebot	**de (speciale) aanbieding** (ßpeːßjaːlə) aːmbiːding
umtauschen	**ruilen** röjlə
(zu) teuer	**(te) duur** (tə) düːr
Tüte	**de zak** sak
zeigen	**laten zien** laːtə siːn
zurückgeben	**teruggeven** təröcheːfə

Geschäfte

Andenkenladen	**de souvenirwinkel** ßufəni:rwinkəl
Antiquitätengeschäft	**de antiekwinkel** anti:kwinkəl
Apotheke	**de apotheek** apote:k
Bäckerei	**de bakkerij** bakəräi
Bioladen	**natuurwinkel** natü:rwinkəl
Blumengeschäft	**de bloemenwinkel** bluməwinkəl
Boutique	**de boetiek** buti:k
Buchhandlung	**de boekhandel** bukhandəl
Drogerie	**de drogisterij** drochißtə'räi
Einkaufszentrum	**het winkelcentrum** winkəlßentröm
Elektrohandlung	**de elektriciteitswinkel** e:lektri:ßi:täitßwinkəl
Feinkostgeschäft	**de delicatessenzaak** de:likateßəsa:k
Fischgeschäft	**de viswinkel** fißwinkəl
Fleischerei	**de slagerij** ßla:chəräi
Flohmarkt	**de vlooienmarkt** flo:jəmarkt
Fotogeschäft	**de fotozaak** fo:to:sa:k
Frisiersalon	**de kapsalon** 'kapßalon
Gemüseladen	**de groentewinkel** chruntəwinkəl
Haushaltswaren	**de huishoudelijke artikelen** höjß'haudələkə arti:kələ
Juwelier	**de juwelier** jü:wəli:r
Kaufhaus	**het warenhuis** wa:rəhöjß
Konditorei	**de banketbakkerij** bankedbakəräi
Lebensmittelgeschäft	**de kruidenier** kröjdə'ni:r
Lederwarengeschäft	**de lederzaak** le:dərsa:k
Markt	**de markt** markt
Musikgeschäft	**de muziekwinkel** mü:si:kwinkəl
Obst und Gemüse	**fruit en groente** fröjt en chruntə
Optikfachgeschäft	**de opticien** opti:ß'jẽ:
Parfümerie	**de parfumerie** parfü:məri:
Reinigung	**de stomerij** ßto:məräi

Schreibwaren-geschäft	**de kantoorboekhandel** kan'to:rbukhandəl
Schuhgeschäft	**de schoenenwinkel** ßchunəwinkəl
Sportgeschäft	**de sportzaak** ßportßa:k
Supermarkt	**de supermarkt** ßü:pərmarkt
Tabakwaren	**de rookartikelen** ro:karti:kələ
Waschsalon	**de wasserette** waßə'retə
Zeitungsstand	**het krantenstalletje** krantəßtalətjə

Lebensmittel

Was ist das?	**Wat is dat?** wat is dat?
Bitte ein Stück davon.	**Een stukje van deze, alstüblieft.** ən ßtökjə fan de:sə, alßtü:'bli:ft.
Bitte zwei Stück davon.	**Twee stukjes van deze, alstüblieft.** twe: ßtökjəß fan de:sə, alßtü:'bli:ft.
Bitte geben Sie mir ...	**Geeft u me ..., alstublieft.** che:ft ü: mə ..., alßtü:'bli:ft.
... 100 Gramm ...	**... 100 gram ...** ... hondərt chram ...
... 1 halbes Kilo ...	**... een halve kilo ...** ... ən halvə ki:lo: ...
... 1 Kilo ...	**... een kilo ...** ... ən ki:lo: ...
... 1 Liter ...	**... een liter ...** ... ən li:tər ...
... 1 halben Liter ...	**... een halve liter ...** ... ən halfə li:tər ...
... 4 Scheiben ...	**... vier plakken ...** ... fi:r plakə ...
... 1 Stück ...	**... een stuk ...** ... ən ßtök ...

Info

Die in Deutschland üblichen Mengenangaben Gramm und Kilogramm werden auch in Belgien und in den Niederlanden verwendet. Daneben finden auch die Angaben ons (100 g) und pond (500 g) Verwendung.

Das könnten Sie hören:
◂ Mag het iets meer zijn?
mach ət i:tß me:r säin?
Darf es etwas mehr sein?

Etwas weniger bitte. — Iets minder, alstublieft.
i:tß mindər, alßtü:'bli:ft.

Etwas mehr bitte. — Iets meer, alstublieft.
i:tß me:r, alßtü:'bli:ft.

Kann ich probieren? — Mag ik proeven? mach ik prufə?

Weitere Wörter

Ananas	de ananas ananaß
Apfel	de appel apəl
Apfelsaft	het appelsap apəlßap
Apfelwein	de appelwijn apəlwäin
Aprikose	de abrikoos abri:ko:ß
Artischocke	de artisjok artischok
Aubergine	de aubergine o:berschi:n
Avocado	de avocado afo:ka:do:
Banane	de banaan bana:n
Basilikum	het basilicum basi:liköm
Bier	het bier bi:r
alkoholfreies Bier	het alcoholvrij bier alko:holfräi bi:r
Birne	de peer pe:r

grüne Bohnen	de sperzieboontjes ßpersi:bo:ntjəß
weiße Bohnen	de witte bonen witə bo:nə
Brokkoli	de broccoli brokoli
Brot	het brood bro:t
Brötchen	het broodje bro:tjə
Butter	de boter bo:tər
Chicorée	het witlof witlof
Ei	het ei äi
Eis	het ijs äiß
Erbsen	de (dop)erwten ('dop)ertə
Erdbeeren	de aardbeien a:rdbäijə
Erdnüsse	de pinda's pindaß
Essig	de azijn a'säin
Esskastanien	de (eetbare) kastanjes (e:dba:rə) kaßtanjəß
Estragon	de dragon dra'chon
Fisch	de vis fiß
Fleisch	het vlees fle:ß
Geflügel	het gevogelte chəfo:chəltə
Gemüse	de groente chruntə
Gewürze	de kruiden kröjdə
Grieß	het griesmeel chri:ßme:l
Gurke *(Salatgurke)*	de komkommer kom'komər
eingelegte Gurken	de augurkjes au'chörkjəß
Hackfleisch	het gehakt chəhakt
Haferflocken	de havervlokken ha:fərflokə
Hähnchen	de kip kip
Haselnüsse	de hazelnoot ha:səlno:t
Himbeeren	de frambozen fram'bo:sə
Honig	de honing ho:ning
Joghurt	de yoghurt jochərt
Kaffee	de koffie kofi:
Kakao	de cacao kakau
Kalbfleisch	het kalfsvlees kalfßfle:ß

Kartoffeln	**de aardappelen** a:rdapələ
Käse	**de kaas** ka:ß
Kekse	**de koekjes** kukjəß
Ketchup	**de ketchup** ketschöp
Kirschen	**de kersen** kerßə
Kiwi	**de kiwi** ki:wi:
Knoblauch	**de knoflook** knoflo:k
Kohl	**de kool** ko:l
ohne Konservierungsstoffe	**zonder conserveringsstoffen** sondər konßerfe:ringßtofə
Kräuter	**de kruiden** kröjdə
Kräutertee	**de kruidenthee** kröjdəte:
Kuchen	**het gebak** chəbak
Lammfleisch	**het lamsvlees** lamßfle:ß
Lauch	**de prei** präi
Leberpastete	**de leverpastei** le:fərpaßtäi
Limonade	**de limonade** li:mo:na:də
Mais	**de maïs** majß
Margarine	**de margarine** marchari:nə
Marmelade	**de jam** schem
Melone	**de meloen** məlun
Milch	**de melk** melk
fettarme Milch	**de halfvolle melk** halfolə melk
Mineralwasser mit Kohlensäure	**het bronwater met koolzuur** bronwa:tər met ko:lsü:r
Mineralwasser ohne Kohlensäure	**het bronwater zonder koolzuur** bronwa:tər sondər ko:lsü:r
Möhren	**de worteltjes** wortəltjəß
Müsli	**de muesli** mü:ßli
Nektarine	**de nectarine** nektari:nə
Nudeln	**de pasta** paßta
Obst	**het fruit** fröjt
Öl	**de olie** o:li:
Oliven	**de olijven** o:läifə

Olivenöl	**de olijfolie** o:läifo:li:
Ölsardinen	**de sardines in blik** ßardi:naß in blik
Orange	**de sinaasappel** ßina:ßapəl
Orangensaft	**het sinaasappelsap** ßina:ßapəlßap
Oregano	**de oregano** o:re:cha:no:
Paprika *(Gewürz)*	**het paprikapoeder** paprikapudər
Paprikaschote	**de paprika** paprika
Peperoni	**de peperoni** pepəro:ni:
Petersilie	**de peterselie** pe:tərße:li:
Pfeffer	**de peper** pe:pər
Pfirsich	**de perzik** persik
Pflaume	**de pruim** pröjm
Pilze	**de paddestoelen** 'padəßtulə
Reis	**de rijst** räißt
Rindfleisch	**het rundvlees** röntfle:ß
Rosmarin	**de rozemarijn** ro:ßmaräin
Rotwein	**de rode wijn** ro:də wäin
Saft	**het sap** ßap
Sahne	**de slagroom** ßlachro:m
Salami	**de salami** ßala:mi:
Salat	**de sla** ßla:
Salz	**het zout** saut
gekochter Schinken	**de gekookte ham** chəko:ktə ham
roher Schinken	**de rauwe ham** rauə ham
Schnittlauch	**het bieslook** bi:ßlo:k
Schnitzel	**de schnitzel** schnitßəl
Schokolade	**de chocola** scho:ko:la:
Schwarzbrot	**het roggebrood** rochəbro:t
Schweinefleisch	**het varkensvlees** farkəßfle:ß
Spargel	**de asperge** aßperschə
Spinat	**de spinazie** ßpi:na:si:
Steak	**de steak** ßte:k
Süßstoff	**de zoetstof** sutßtof
Tee	**de thee** te:

Thunfisch	de tonijn to'näin
Thymian	de tijm täim
Tomate	de tomaat toma:t
Vollkornbrot	het volkorenbrood folko:rəbro:t
Walnuss	de walnoot walno:t
Wassermelone	de watermeloen wa:tərməlun
Wein	de wijn wäin
Weintrauben	de druif dröjf
Weißbrot	het witbrood widbro:t
Weißwein	de witte wijn witə wäin
Wurst(aufschnitt)	de (gesneden) worst (chəßne:də) worßt
Würstchen	het worstje worschə
Zitrone	de citroen ßitrun
Zucchini	de courgette kur'schet
Zucker	de suiker ßöjkər
Zwieback	de beschuit bəßchöjt
Zwiebel	de ui öj

Kleidung

Ich suche ... — Ik zoek ... ik ßuk ...

Das könnten Sie hören:

◂ Welke maat heeft u? welkə ma:t he:ft ü:? — Welche Größe haben Sie?

Ich habe Größe ... — Ik heb maat ... ik hep ma:t ...

Haben Sie das auch in Größe ...? — Heeft u dat ook in maatje ...? he:ft ü: dat o:k in ma:tjə ...?

Haben Sie das auch in einer anderen Farbe? ▸*Farben, S. 148*	**Heeft u dit ook in een andere kleur?** he:ft ü: dit o:k in ən andərə klö:r?
Welches Material ist das? ▸*Stoffe, S. 148*	**Wat voor materiaal is dit?** wat fo:r matərja:l is dit?
Kann ich das anprobieren?	**Kan ik dat passen?** kan ik dat paßə?
Wo sind die Umkleidekabinen?	**Waar zijn de kleedhokjes?** wa:r säin də kle:thokjəß?
Wo ist ein Spiegel?	**Waar is er een spiegel?** wa:r iß ər ən ßpi:chəl?
Es steht mir nicht.	**Het staat me niet.** ət ßta:t mə ni:t.
Das passt mir nicht.	**Dat past niet.** dat paßt ni:t.
Das ist mir zu ...	**Dat is te ... voor mij.** dat iß tə ... fo:r mäi.
... groß.	**... groot** ... chro:t
... klein.	**... klein** ... kläin
Das passt gut.	**Dat zit goed.** dat ßit chut.

Info

Schuhgrößen sind vergleichbar mit den deutschen Größen, während die Kleidergrößen meist etwas kleiner ausfallen. Wer normalerweise 40 trägt, probiert besser 42, und ein deutsches S ist in den Niederlanden eher ein M.

Stoffe

Baumwolle	**het katoen** ka'tun
Filz	**het vilt** filt
Fleece	**de fleece** fli:ß
Kaschmir	**het kasjmier** kaschmi:r
Leder	**het leder** le:dər
Leinen	**het linnen** linə
Mikrofaser	**de microvezel** mi:kro:fe:səl
Naturfaser	**de natuurvezel** natü:rfe:səl
Schafwolle	**de schapenwol** ßcha:pəwol
reine Schurwolle	**de zuivere scheerwol** söjfərə ßche:rwol
Seide	**de zijde** säidə
Synthetik	**het synthetisch weefsel** sinte:tiß we:fßəl
Wildleder	**het wildleer** wiltle:r
Wolle	**de wol** wol

Farben

beige	**beige** bä:sch
blau	**blauw** blau
braun	**bruin** bröjn
bunt	**bont** bont
dunkelblau	**donkerblauw** donkərblau
dunkelrot	**donkerrood** donkəro:t
einfarbig	**uni** 'ü:ni:
gelb	**geel** che:l
golden	**gouden** chaudə
grau	**grijs** chräiß
grün	**groen** chrun
hellblau	**lichtblauw** lichdblau
lila	**paars** pa:rß
pink	**pink** pink

rosa	roze 'ro:sə
rot	rood ro:t
schwarz	zwart swart
silbern	zilveren silfərə
türkis	turquoise törk'wa:sə
weiß	wit wit

Weitere Wörter

Anorak	de anorak ano:rak
Anzug	het pak pak
kurze Ärmel	de korte mouwen kortə mauə
lange Ärmel	de lange mouwen langə mauə
Badeanzug	het badpak batpak
Badehose	de zwembroek swembruk
Bademantel	de badjas batjaß
BH	de bh be:ha:
Bikini	de bikini biki:ni
Bluse	de bloes bluß
Gürtel	de riem ri:m
Halstuch	de halsdoek halsduk
Handschuhe	de handschoenen hantßchunə
Hemd	het overhemd o:fərhemt
Hose	de broek bruk
Hut	de hoed hut
Jacke	het jasje jaschə
Jeans	de spijkerbroek ßpäikərbruk
Jogginghose	de joggingbroek dschogingbruk
Kleid	de jurk jörək
Kostüm	het kostuum koßtü:m
Krawatte	de stropdas ßtrobdaß
kurz	kort kort
lang	lang lang

Leggins	de leggings lechingß
Mantel	de jas jaß
Mütze	de muts mötß
Pullover	de trui tröj
Regenjacke	het regenjack re:chənjek
Reißverschluss	de ritssluiting ritßlöjting
Rock	de rok rok
Sakko	het colbert kol'bä:r
Schal	de sjaal scha:l
Schlafanzug	de pyjama pi:'ja:ma
Shorts	de short schort
Slip	de slip ßlip
Socken	de sokken ßokə
Sonnenhut	de zonnehoed sonəhut
Strümpfe	de kousen kaußə
Strumpfhose	de panty penti:
T-Shirt	het T-shirt ti:-schö:rt
Unterhemd	het onderhemd ondərhemt
Unterwäsche	het ondergoed ondərchut
Weste	het vest feßt

Schuhe

Ich möchte ein Paar ... **Ik wil graag een paar ...** ik wil chra:ch ən pa:r ...

Das könnten Sie hören:
◂ **Welke schoenmaat heeft u?**
welkə ßchunma:t he:ft ü:?
Welche Schuhgröße haben Sie?

Ich habe Schuhgröße ... **Ik heb maat ...** ik hep ma:t ...

Der Absatz ist zu ...	De hak is te ...	də hak iß tə ...
... hoch.	... hoog.	... ho:ch.
... niedrig.	... laag.	... la:ch.
Sie sind zu ...	Ze zijn te ...	sə säin tə ...
... groß.	... groot.	... chro:t.
... klein.	... klein.	... kläin.
Sie drücken hier.	Ze knellen hier.	sə knelə hi:r.
Bitte erneuern Sie die ...	De ... vernieuwen, alstublieft.	də ... fərni:uə, alßtü:'bli:ft.
... Absätze.	... hakken	... hakə
... Sohlen.	... zolen	... so:la

Weitere Wörter

Badeschuhe	de badslippers	batßlipərß
Einlegesohlen	de inlegzolen	inlechßo:lə
eng	nauw	nau
Größe	de maat	ma:t
Gummistiefel	de rubberlaarzen	röbərla:rsə
Halbschuhe	de lage schoenen	la:chə ßchunə
Ledersohle	de leren zool	le:rə so:l
Pumps	de pumps	pömpß
Sandalen	de sandalen	ßanda:lə
Schnürsenkel	de veters	'fe:tərß
Schuhcreme	de schoencrème	ßchunkrä:m
Schuhe	de schoenen	ßchunə
Stiefel	de laarzen	la:rsə
Turnschuhe	de gymschoenen	chimßchunə
Wanderschuhe	de wandelschoenen	wandəlßchunə

Uhren & Schmuck

Ich suche ein hübsches ...	**Ik zoek een leuk ...** ik suk ən lö:k ...
... Andenken.	**... souvenir.** ... ßufəni:r.
... Geschenk.	**... cadeau.** ... ka'do:.

Das könnten Sie hören:

◂ **Hoeveel mag het kosten?**
hufe:l mach ət koßtə?
Wie viel darf es denn kosten?

Woraus ist das?	**Uit welk materiaal is dit?** öjt welk matərja:l is dit?
Ich brauche eine neue Batterie für die Uhr.	**Ik heb een nieuw batterijtje voor dit horloge nodig.** ik hep ən ni:u batəräitjə fo:r dit horlo:schə no:dəch.

Weitere Wörter

Anhänger	**de hanger** hangər
Armband	**de armband** armbant
Brosche	**de broche** brosch
Diamant	**de diamant** di:jamant
Gold	**het goud** chaut
Karat	**het karaat** kara:t
Kette	**de ketting** keting
Modeschmuck	**de modesieraden** 'mo:dəßi:ra:də
Ohrklipse	**de oorclips** o:rklipß
Ohrringe	**de oorbellen** o:rbelə
Perle	**de parel** 'pa:rəl
Ring	**de ring** ring

Schmuck	**de sieraden** 'ßi:ra:də
Silber	**het zilver** silfər
Uhr	**het horloge** horlo:schə
Uhrarmband	**het horlogebandje** hor'lo:schəbantjə
vergoldet	**verguld** fərchölt

Körperpflege

allergiegetestet	**getest op allergieën** chəteßt op alerchi:jə
Babyfläschchen	**het babyflesje** be:bi:fleschə
Binden *(Damenbinden)*	**het maandverband** ma:ntfərbant
Bürste	**de borstel** borßtəl
Deo	**de deodorant** de:jo:do:'rant
Duschgel	**het douchegel** duschdschel
feuchte Tücher	**de vochtige doekjes** fochtəchə dukjəß
Haargel	**het haargel** ha:rdschel
Haargummi	**het (haar)elastiekje** (ha:r)e:laßti:kjə
Haarklammern	**de haarclips** ha:rklipß
Haarspange	**de haarspeld** ha:rßpelt
Haarspray	**de hairspray** hä:rßpre:j
Handcreme	**de handcrème** hantkrä:m
Kajalstift	**de kajalstift** kajalßtift
Kamm	**de kam** kam
Kondome	**de condooms** kondo:mß
Körperlotion	**de bodylotion** bodi:lo:schən
Kosmetiktücher	**de cosmetische doekjes** koßme:tißə dukjəß
Lichtschutzfaktor	**de beschermingsfactor** bəßcherminĝßfaktor
Lidschatten	**de oogschaduw** 'o:chßcha:dü:u
Lippenpflegestift	**de lippenbalsem** lipəbalßəm
Lippenstift	**de lippenstift** lipəßtift

Mückenschutz	**het beschermingsmiddel tegen muggen** bəßchermingßmidəl te:chə möchə
Nachtcreme	**de nachtcrème** nachtkrä:m
Nagelbürste	**de nagelborstel** na:chəlborßtəl
Nagelfeile	**de nagelvijl** na:chəlfäil
Nagellack	**de nagellak** na:chəlak
Nagellackentferner	**de remover** ri:mu:fər
Nagelschere	**het nagelschaartje** na:chəlßcha:rtjə
Papiertaschentücher	**de papieren zakdoekjes** papi:rə sakdukjəß
Parfüm	**het parfum** parfö:
parfümfrei	**zonder parfum** sondər parfö:
Pflaster	**de pleister** pläißtər
Pinzette	**het pincet** pinßet
Rasierklinge	**het scheermesje** ßche:rmeschə
Rasierschaum	**het scheerschuim** ßche:rßchöjm
Reinigungsmilch	**de reinigingsmelk** räinəchingßmelk
Rouge	**de rouge** ru:sch
Sauger	**de speen** ßpe:n
Schaumfestiger	**de schuim-haarversteviger** 'ßchöjm-ha:rfərß'te:fəchər
Schnuller	**de fopspeen** 'fopßpe:n
Seife	**de zeep** se:p
Shampoo	**de shampoo** schampu:
Sonnencreme	**de zonne(brand)crème** sonə(brant)krä:m
Sonnenmilch	**de zonnemelk** sonəmelk
Spiegel	**de spiegel** ßpi:chəl
Tagescreme	**de dagcrème** dachkrä:m
Tampons	**de tampons** tamponß
Toilettenpapier	**het wc-papier** we:ße:papi:r
Waschlappen	**het washandje** waßhantjə
Waschmittel	**het wasmiddel** waßmidəl
Watte	**de watten** watə
Wattestäbchen	**de wattenstaafjes** watəßta:fjəß
Wimperntusche	**de mascara** maßka:ra

Zahnbürste	**de tandenborstel** tandəborßtəl
elektrische Zahnbürste	**de elektrische tandenborstel** e:lektrißə tandəborßtəl
Zahnpasta	**de tandpasta** tantpaßta
Zahnseide	**de flosdraad** flosdra:t
Zahnstocher	**de tandenstoker** tandəßto:kər

Haushalt

Adapter	**de adapter** adaptər
Alufolie	**de aluminiumfolie** alü:mi:ni:jömfo:li:
Batterie	**de batterij** batəräi
Besen	**de bezem** be:səm
Brennspiritus	**de brandspiritus** brantßpi:ri:töß
Bügeleisen	**het strijkijzer** ßträikäisər
Dosenöffner	**de blikopener** bliko:pənər
Eimer	**de emmer** emər
Feuerzeug	**de aansteker** a:nßte:kər
Flaschenöffner	**de flesopener** fleßo:pənər
Fleckenentferner	**het vlekkenwater** flekəwa:tər
Föhn	**de föhn** fö:n
Frischhaltefolie	**de vershoudfolie** ferßhautfo:li:
Gabel	**de vork** fork
Glühlampe	**de gloeilamp** chluilamp
Glas	**het glas** chlaß
Grillanzünder	**het aanmaakblokje voor de barbecue** a:nma:kblokjə fo:r də ba:rbəkju:
Grillkohle	**de houtskool** hautßko:l
Insektenspray	**de insectenspray** inßektəßpre:j
Kerzen	**de kaarsen** ka:rßə
Korkenzieher	**de kurkentrekker** körkətrekər
Küchenrolle	**de keukenrol** kö:kərol
Kühltasche	**de koeltas** kultaß

Löffel	**de lepel** le:pəl
Messer	**het mes** meß
Moskitospirale	**de muskietenkaars** müßki:təka:rß
Nähgarn	**het (naai)garen** (nai)cha:rə
Nähnadel	**de (naai)naald** (nai)na:lt
Pfanne	**de pan** pan
Plastikbecher	**de plastic beker** pleßtik be:kər
Plastikbesteck	**het plastic bestek** pleßtik bəßtek
Rasierapparat	**het scheerapparaat** ßche:rapara:t
Reinigungsmittel	**het reinigingsmiddel** räinəchingßmidəl
Plastikteller	**het plastic bord** pleßtik bort
Schere	**de schaar** ßcha:r
Servietten	**de servetten** ßerfetə
Sicherheitsnadel	**de veiligheidsspeld** fäiləchäitßpelt
Spülmittel	**het afwasmiddel** afwaßmidəl
Spültuch	**de afwasdoek** afwasduk
Streichhölzer	**de lucifers** lü:ßiferß
Taschenlampe	**de zaklantaarn** saklanta:rn
Taschenmesser	**het zakmes** sakmeß
Taschenrechner	**de zakrekenmachine** sakre:kenmaschi:nə
Tasse	**de kop** kop
Tauchsieder	**de dompelaar** dompəla:r
Teller	**het bord** bort
Thermosflasche®	**de thermosfles®** termoßfleß
Topf	**de pan** pan
Verlängerungsschnur	**het verlengsnoer** fərlengßnu:r
Wäscheklammern	**de wasknijpers** waßknäipərß
Wäscheleine	**de waslijn** waßläin
Waschpulver	**het waspoeder** waßpudər
Wasserkocher	**de waterkoker** wa:tərko:kər
Wecker	**de wekker** wekər
Wischlappen	**de dweil** dwäil

Optikfachgeschäft

Meine Brille ist kaputt.	**Mijn bril is kapot.** mən bril iß kapot.
Können Sie das reparieren?	**Kunt u dat maken?** könt ü: dat ma:kə?
Ich möchte eine Sonnenbrille.	**Ik had graag een zonnebril.** ik hat chra:ch ən sonəbril.
Ich brauche Eintageslinsen.	**Ik heb eendagslenzen nodig.** ik heb e:ndachßlensə no:dəch.
Ich bin kurzsichtig.	**Ik ben bijziend.** ik ben bäisi:nt.
Ich bin weitsichtig.	**Ik ben verziend.** ik ben fersi:nt.

Das könnten Sie hören:

◂ **Heeft u een ...** he:ft ü: ən ...	Haben Sie einen ...
... brilpasje? ... brilpaschə?	... Brillenpass?
... contactlenzenpasje? ... kontaktlensəpaschə?	... Kontaktlinsenpass?
◂ **Hoeveel dioptrieën heeft u?** hufe:l di:joptri:jə he:ft ü:?	Wie viel Dioptrien haben Sie?

Ich habe links ... Dioptrien und rechts ... Dioptrien.	**Ik heb links ... dioptrieën en rechts ... dioptrieën.** ik hep lingß ... di:joptri:jə en rechß ... di:joptri:jə.

Ich habe eine Kontaktlinse verloren.	**Ik heb een contactlens verloren.** ik hep ən kontaktlenß fərlo:rə.
Ich brauche Aufbewahrungslösung für ... Kontaktlinsen.	**Heeft u een bewaarlotion voor ... lenzen?** he:ft ü: ən bəwa:rlo:ßjon fo:r ... lensə?
... harte	**... haarde** ... hardə
... weiche	**... zachte** ... sachtə
Ich brauche Reinigungslösung für ... Kontaktlinsen.	**Heeft u een reinigingsmiddel voor ... lenzen?** he:ft ü: ən räinəchingßmidəl fo:r ... lensə?
... harte	**... harte** ... hardə
... weiche	**... weiche** ... sachtə

Fotoartikel

Ich hätte gern ...	**Ik had graag ...** ik hat chra:ch ...
... eine Speicherkarte.	**... een geheugenkaart.** ... ən chə'hö:chəka:rt.
... einen USB-Stick.	**... een USB-stick.** ... ən ü:eßbe:ßtik.
Ich möchte Passbilder machen lassen.	**Ik wil graag pasfoto's laten maken.** ik wil chra:ch paßfo:to:ß la:tə ma:kə.

Souvenirs

Ich möchte ...	**Ik had graag ...** ik hat chra:ch ...
... ein hübsches Andenken.	**... een leuk souvenir.** ... ən lö:k ßufəni:r.

... ein Geschenk.	... een cadeau. ... ən ka'do:.
... etwas Typisches aus dieser Gegend.	... iets typisch uit deze streek. ... i:tß ti:piß öjt de:sə ßtre:k.
Ist das Handarbeit?	Is het handwerk? iß ət hantwerk?
Ist das ...	Ist dat ... is dat ...
... antik?	... antiek? ... anti:k?
... echt?	... echt? ... echt?

Weitere Wörter

Andenken	het souvenir ßufəni:r
antik	antiek anti:k
Antiquität	de antiquiteit antiki:täit
Becher	de beker be:kər
Blumenzwiebeln	de bloembollen blumbolə
echt	echt echt
Handarbeit	het handwerk hantwerk
handgemacht	handgemaakt hantchəma:kt
handgemalt	met de hand geschilderd met də hant chəßchildərt
handgestrickt	met de hand gebreid met də hant chəbräit
Handtasche	de handtas hantaß
Holzschuhe	de klompen klompə
Kalender	de kalender kalendər
Keramik	de keramiek ke:ra'mi:k
Kunsthandwerk	het kunstambacht könßtambacht
Miniaturwindmühle	het windmolentje wintmo:ləntjə

Brügger Spitzen	**de Brugse kant** bröchßə kant
Brüsseler Spitzen	**de Brusselse kant** brößəlßə kant
Rechnung	**de rekening** re:kəning
typisch	**typisch** ti:piß
Vase	**de vaas** fa:ß
Zertifikat	**het certificaat** ßertifika:t

Musik

Haben Sie CDs von ...? **Heeft u cd's van ...?**
he:ft ü: ße:de:ß fan ...?

Ich hätte gerne eine CD mit traditioneller niederländischer Musik. **Ik had graag een cd met traditionele Nederlandse muziek.**
ik hat chra:ch ən ße:de: met tradißjone:lə ne:dərlantßə mü:si:k.

Kann ich mir das anhören? **Mag ik er eens naar luisteren?**
mach ik ər ənß na:r löjßtərə?

Ich möchte Kopfhörer kaufen. **Ik wil graag een koptelefoon kopen.**
ik wil chra:ch ən koptelefo:n ko:pə.

Schreibwaren & Tabakwaren

Ich hätte gerne ... **Ik had graag ...** ik hat chra:ch ...

... eine (deutsche) Zeitung. **... een (Duitse) krant.**
... ən (döjtßə) krant.

... eine Karte der Umgebung. **... een kaart van de omgeving.**
... ən ka:rt fan də omche:fing.

... einen Stadtplan.	... een plattegrond. ... ən platəchront.
Haben Sie auch eine neuere Zeitung?	Heeft u ook een actuelere krant? he:ft ü: o:k ən aktü:we:lərə krant?
Haben Sie deutsche Bücher?	Heeft u Duitse boeken? he:ft ü: döjtßə bukə?
Ein Päckchen ..., bitte.	een pakje ..., alstublieft. ən pakjə ..., alßtü:'bli:ft.
... Pfeifentabak	... pijptabak ... päiptabak
... Zigarettentabak	... shag ... schek
Eine Schachtel ..., bitte.	Een pakje ..., alstublieft. ən pakjə ..., alßtü:'bli:ft.
Eine Stange ..., bitte.	Een slof ..., alstublieft. ən ßlof ..., alßtü:'bli:ft.
Ein Feuerzeug, bitte.	Een aansteker, alstublieft. ən a:nßte:kər, alßtü:'bli:ft.
Einmal Streichhölzer, bitte.	Een dosje lucifers, alstublieft. ən do:schə lü:ßiferß, alßtü:'bli:ft.

Weitere Wörter

Ansichtskarte ..... de ansichtkaart ansichtka:rt
Bleistift ..... het potlood potlo:t
Briefpapier ..... het briefpapier bri:fpapi:r
Briefumschlag ..... de envelop ãfəlop
Filzstift ..... de viltstift filtßtift
Illustrierte ..... het geïllustreerd tijdschrift chəilöß'tre:rt 'täitßchrift

Klebeband	het plakband plakbant
Klebstoff	het plakmiddel plakmidəl
Kochbuch	het kookboek ko:kbuk
Krimi	de detective di'tektif
Kugelschreiber	de balpen balpen
Papier	het papier papi:r
Pfeife	de pijp päip
Pfeifenreiniger	de pijpenrooier päipəro:jər
Radiergummi	het gum(metje) chöm(ətjə)
Radtourenkarte	de fietskaart fi:tßka:rt
Reiseführer	de reisgids räißchitß
Roman	de roman ro:'man
Schreibblock	de blocnote blokno:t
Spielkarten	de speelkaarten ßpe:lka:rtə
Spitzer	de potloodslijper 'potlo:tßläipər
Straßenkarte	de wegenkaart we:chəka:rt
Tabak	de tabak ta'bak
Wanderkarte	de wandelkaart wandəlka:rt
Wörterbuch	het woordenboek wo:rdəbuk
Zigaretten	de cigaretten ßicha:retə
Zigarillos	de cigarillo's ßi:charilo:ß
Zigarren	de sigaren ßi:cha:rə

Aktivitäten

... die wichtigsten Sätze

Wo geht es zum Strand?
Hoe kom ik naar het strand?
hu kom ik na:r ət ßtrant?

Darf man hier baden? **Is zwemmen hier toegestaan?**
iß ßwemə hi:r tuchəßta:n?

Ist es für Kinder gefährlich?
Is het gevaarlijk voor kinderen?
iß ət chəfa:rlək fo:r kindərə?

Ich möchte einen Liegestuhl ausleihen.
▸*Baden, S. 166*
Ik wou graag een ligstoel huren.
ik wau chra:ch ən lichßtul hü:rə.

Darf ich mitspielen? **Mag ik meedoen?**
▸*Spiele, S. 172*
mach ik me:dun?

Ich möchte nach ... wandern.
Ik wil graag wandelen naar ...
ik wil chra:ch wandələ na:r ...

Können Sie mir eine leichte Tour empfehlen?
Kunt u mij een lichte tocht aanbevelen?
könt ü: mäi ən lichtə tocht a:mbefe:lə?

Wie weit ist es noch bis ...?
▸*Wandern, S. 174*
Hoe ver is het nog naar ...?
hu fer iß ət noch na:r ...?

Ich möchte ein Fahrrad mieten.

Ik wou graag een fiets huren.
ik wau chra:ch ən fi:tß hü:rə.

Ich möchte es für einen Tag mieten.

Ik wil hem graag voor een dag huren.
ik wil əm chra:ch fo:r e:n dach hü:rə.

Haben Sie eine Fahrradkarte?

▸Rad fahren, S. 176

Heeft u een fietskaart?
he:ft ü: ən fi:tßka:rt?

Wie viel kostet der Eintritt?

Hoeveel kost de entree?
hufe:l koßt də ẽtre:?

Eine Karte bitte.

Een kaart, alstublieft.
e:n ka:rt, alßtü:'bli:ft.

Darf man fotografieren?

▸Besichtigungen, S. 179

Mag men foto's maken?
mach men fo:to:ß ma:kə?

Wann beginnt die Vorstellung?

▸Theater, Kino, Musik, S. 185

Hoe laat begint de voorstelling?
hu la:t bəchint də fo:rßteling?

Gibt es hier eine nette Kneipe?

Is er hier in de buurt een gezellig café?
iß ər hi:r in də bü:rt ən chəseləch kafe:?

Ist hier noch frei?

▸Ausgehen, S. 189

Is hier nog vrij?
iß hi:r noch fräi?

Baden

Wo geht es zum Strand?	**Hoe kom ik naar het strand?** hu kom ik na:r ət ßtrant?
Darf man hier baden?	**Is zwemmen hier toegestaan?** iß ßwemə hi:r tuchəßta:n?
Gibt es hier Strömungen?	**Staan er hier stromingen?** ßta:n ər hi:r ßtro:mingə?
Ist es für Kinder gefährlich?	**Is het gevaarlijk voor kinderen?** iß ət chəfa:rlək fo:r kindərə?
Wann ist ...	**Hoe laat is het ...** hu la:t is ət ...
... Ebbe?	**... eb?** ... ep?
... Flut?	**... vloed?** ... flut?
Gibt es hier Quallen?	**Zijn er hier kwallen?** säin ər hi:r kwalə?
Ich möchte ... ausleihen.	**Ik wou graag ... huren.** ik wau chra:ch ... hü:rə.
... einen Liegestuhl	**... een ligstoel** ... ən lichßtul
... einen Sonnenschirm	**... een parasol** ... ən paraßol
... ein Boot	**... een boot** ... ən bo:t
Ich möchte einen ... machen.	**Ik wil graag een ... volgen.** ik wil chra:ch ən ... folchə.
... Tauchkurs	**... duikcursus** ... döjkörßöß
... Windsurfkurs	**... windsurfcursus** ... wintsö:rfkörßöß
Kann man mit einem Fischerboot mitfahren?	**Kan men met een vissersboot meevaren?** kan men met ən fißərsbo:t me:fa:rə?

Wie viel kostet es pro ...	**Hoeveel kost dat per ...** hufe:l koßt dat per ...
... Stunde?	**... uur?** ... ü:r?
... Tag?	**... dag?** ... dach?
Können Sie kurz auf meine Sachen aufpassen?	**Kunt u even op mijn spullen letten?** könt ü: e:fən op mən ßpölə letə?
Gibt es hier ein ...	**Is er hier een ...** iß ər hi:r ən ...
... Freibad?	**... openluchtzwembad?** ... o:pə'löchtßwembat?
... Hallenbad?	**... overdekt zwembad?** ... o:fərdekt ßwembat?
Gibt es Schwimmunterricht für Kinder?	**Worden hier zwemlessen voor kinderen aangeboden?** wordə hi:r swemleßə fo:r kindərə a:nchəbo:də?
Gibt es auch ein Kinderbecken?	**Is er ook een pierebad?** iß ər o:k ən pi:rəbat?
Welche Münzen brauche ich für das Schließfach?	**Wat voor munten heb ik voor het kluisje nodig?** wat fo:r möntə hep ik fo:r ət klöjsche no:dəch?
Ich möchte ... kaufen.	**Ik wou graag ... kopen.** ik wau chra:ch ... ko:pə.
... eine Badekappe	**... een badmuts** ... ən batmötß
... eine Schwimmbrille	**... een zwembril** ... ən swembril
... ein Handtuch	**... een handdoek** ... ən handuk

Wo sind die ...	**Waar zijn de ...** wa:r säin də ...
... Duschen?	**... douches?** ... duschəß?
... Umkleidekabinen?	**... kleedhokjes?** ... kle:thokjəß?
Wo ist ...	**Waar vind ik de ...** wa:r fint ik də ...
... der Bademeister?	**... badmeester/badjuffrouw?** ... batme:ßtər/batjüfrau?
... die Erste-Hilfe-Station?	**... EHBO-kamer?** ... e:ha:be:'o:-ka:mər?

Weitere Wörter

baden	**baden** ba:də
Boot	**de boot** bo:t
Bootsverleih	**de bootverhuur** bo:tfərhü:r
Dusche	**de douche** dusch
Ebbe	**de eb** ep
Erlebnisbad	**zwemparadijs** 'swemparadäiß
fischen	**vissen** fißə
FKK-Strand	**het naaktstrand** na:ktßtrant
Flut	**de vloed** flut
Luftmatratze	**het luchtbed** löchdbet
Meer	**de zee** se:
Motorboot	**de motorboot** mo:tərbo:t
Muscheln	**de schelpen** ßchelpə
Nichtschwimmer(in)	**de niet-zwemmer** ni:tßwemər
Rettungsring	**de reddingsboei** redingsbuj
Ruderboot	**de roeiboot** rujbo:t
Sand	**het zand** sant
Sandstrand	**het zandstrand** santßtrant
Schatten	**de schaduw** ßcha:dü:u
Schlauchboot	**de rubberboot** röbərbo:t
Schnorchel	**de snorkel** ßnorkəl

Schwimmbad	**het zwembad** swembat
schwimmen	**zwemmen** swemə
Schwimmflossen	**het zwemvlies** swemfli:ß
Schwimmflügel	**de zwemvleugels** swemflö:chəlß
See	**het meer** me:r
Seeigel	**de zeeëgel** se:'e:chəl
Segelboot	**de zeilboot** säilbo:t
segeln	**zeilen** säilə
Sonne	**de zon** son
Sonnencreme	**de zonne(brand)crème** sonə(brant)krä:m
Sonnenbrille	**de zonnebril** sonəbril
Spielwiese	**de speelweide** ßpe:lwäidə
Sprungbrett	**de springplank** ßpringplank
Strand	**het strand** ßtrant
Strandbad	**het strandbad** ßtrandbat
Strandkorb	**de strandstoel** ßtrantßtul
Strömung	**de stroming** ßtro:ming
Sturmwarnung	**de stormwaarschuwing** 'ßtormwa:rßchü:wing
Surfbrett	**de surfplank** ßö:rfplank
tauchen	**duiken** döjkə
Taucheranzug	**het duikerpak** döjkərpak
Taucherausrüstung	**de duikersuitrusting** döjkerß-öjtrößting
Taucherbrille	**de duikbril** döjkbril
Tretboot	**de waterfiets** wa:tərfi:tß
Umkleidekabine	**het badhokje** bathokjə
Wasser	**het water** wa:tər
Wasserball	**de opblaasbare bal** obla:sba:rə bal
Wasserski	**de waterski** wa:tərßki:
Welle	**de golf** cholf
Wellenbad	**het golfslagbad** cholfßlachbat
windsurfen	**windsurfen** wintßö:rfə

Wellness

Gibt es hier ...	**Is er hier ...** iß ər hi:r ...
... eine Therme?	**... een wellnesscentrum?** ... ən welneßentröm?
... eine Sauna?	**... een sauna?** ... ən ßauna?
... ein Fitnessstudio?	**... een fitnessstudio?** ... ən fitnəßtü:di:jo:?
Bieten Sie auch ... an?	**Biedt u ook ... aan?** bi:t ü: o:k ... a:n?
... Pilateskurse	**... Pilatescursussen** ... pi:'la:təskörßößə
... Yogakurse	**... Yogacursussen** ... jo:chakörßößə
Ich hätte gerne einen Termin für ...	**Ik had graag een afspraak voor ...** ik hat chra:ch ən afßpra:k fo:r ...
Machen Sie ...	**Doet u ...** dut ü: ...
... Gesichtsmassagen?	**... gezichtsmassages?** ... chəsichtßmaßa:schəß?
... Lymphdrainagen?	**... lymfedrainages?** ... limfədrä:na:schəß?
Ich hätte gerne eine Gesichtsbehandlung.	**Ik had graag een gezichtsbehandeling.** ik hat chra:ch ən chəsichtsbəhandəling.
Ich habe ...	**Ik heb ...** ik hep ...
... normale Haut.	**... een normale huid.** ... ən norma:lə höjt.
... fettige Haut.	**... een vette huid.** ... ən fetə höjt.
... trockene Haut.	**... een droge huid.** ... ən dro:chə höjt.
... Mischhaut.	**... een gemengde huid.** ... ən chəmengdə höjt.
... empfindliche Haut.	**... een gevoelige huid.** ... ən chəfuləchə höjt.

Ich möchte mir die ... färben lassen.	**Ik wou mijn ... laten verven.** ik wau mən ... la:tə ferfə.
... Wimpern	**... wimpers** ... wimpərß
... Augenbrauen	**... wenkbrauwen** ... wenkbrauə
Bitte eine ...	**Graag een ...** chra:ch ən ...
... Maniküre.	**... manicure.** ... mani:kü:r.
... Pediküre.	**... pedicure.** ... pe:di:kü:r.

Weitere Wörter

Akupunktur	**de acupunctuur** a:kü:pönktü:r
Algenbad	**het algenbad** alchəbat
Ampullenkur	**de ampullenkuur** ampöləkü:r
Aromaöl	**de aromatische olie** aro:ma:tißə o:li:
Ayurveda	**ayurveda** ajörfe:da
Dampfbad	**het stoombad** ßto:mbat
Dekolleté	**het decolleté** de:kolte:
Entschlackung	**de ontslakking** ontßlaking
Fango	**de fango** fango:
Feuchtigkeitsmaske	**het vochtigheidsmasker** fochtəchäitßmaßkər
Fußreflexzonen-massage	**de voetreflex(zone)massage** futrəflekß(ɔ:nə)maßa:schə
Gesicht	**het gezicht** chəsicht
Hals	**de hals** halß
Hautdiagnose	**de huiddiagnose** 'höjdi:jachno:sə
Kaltwasser-anwendungen	**de koudwaterbehandelingen** kautwa:tərbəhandəlingə
Kneipp-Anwendung	**de kneippkuur** knäipkü:r
Lymphdrainage	**de lymfedrainage** limfədrä:na:schə
Maske	**het masker** maßkər
Massage	**de massage** maßa:schə

Packung	**de pakking** paking
Peeling	**de peeling** pi:ling
Reinigung	**de stomerij** ßto:mə'räi
Sauna	**de sauna** ßauna
Schlammbad	**het modderbad** modərbat
Solarium	**het solarium** ßo:la:ri:jöm
Thermalbad	**het thermaal bad** terma:l bat
Wechselbäder	**de wisselbaden** wißəlba:də
Whirlpool®	**het bubbelbad** böbəlbat
Yoga	**de yoga** jo:cha

Spiele

Darf ich mitspielen? **Mag ik meedoen?** mach ik me:dun?

Wir hätten gern einen Squashcourt für eine halbe Stunde. **We hadden graag een squashbaan voor een half uur.** wə hadə chra:ch ən ßkwoschba:n fo:r ən half ü:r.

Wir hätten gern einen ... für eine Stunde. **We hadden graag een ... voor een uur.** wə hadə chra:ch ən ... fo:r ən ü:r.

... Tennisplatz **... tennisbaan** ... tenisba:n

... Badmintonplatz **... badmintonbaan** ... betmintənba:n

Wo kann man hier ... spielen? **Waar kan men hier ...** wa:r kan men hi:r ...

... Bowling **... bowlen?** ... bo:lə?

... Billard **... biljarten?** ... bil'jartə?

Ich möchte ... ausleihen. **Ik wou graag ... huren.** ik wau chra:ch ... hü:rə.

Haben Sie ...	**Heeft u ...** he:ft ü: ...
... Spielkarten?	**... speelkaarten?** ... ßpe:lka:rtə?
... Gesellschaftsspiele?	**... gezelschapsspelen?** ... chəselßchapßpe:lə?
Spielen Sie Schach?	**Schaakt u?** ßcha:kt ü:?
Können wir ein Schachspiel ausleihen?	**Kunnen we een schaakspel lenen?** könə wə ən ßcha:kßpel le:nə?

Weitere Wörter

Badminton .... **het badminton** betmintən
Ball .... **de bal** bal
Basketball .... **het basketbal** ba:ßkədbal
Beachvolleyball .... **het strandvolleybal** ßtrantfoli:bal
Boule-Kugel .... **de jeu-de-boulesbal** schö:də'bulbal
Federball *(Spiel)* .... **het badminton** betmintən
Fußball *(Ball)* .... **de voetbal** fudbal
Fußballplatz .... **het voetbalveld** fudbalfelt
Fußballspiel .... **de voetbalwedstrijd** fudbalwetßträit
gewinnen .... **winnen** winə
Golf .... **het golf** cholf
Golfball .... **de golfbal** cholfbal
Golfplatz .... **het golfterrein** cholfteräin
Golfschläger .... **de golfstick** cholfßtik
Handball .... **het handbal** handbal
Kegelbahn .... **de kegelbaan** ke:chəlba:n
kegeln .... **kegelen** ke:chələ
Mannschaft .... **de ploeg** pluch
Minigolfplatz .... **de midgetgolfbaan** midschətcholfba:n
Schiedsrichter(in) .... **de scheidsrechter** ßchäitßrechtər
Sieg .... **de overwinning** o:fərwining

Spiel	**het spel** ßpel
spielen	**spelen** ßpe:lə
Spielplatz	**de speeltuin** ßpe:ltöjn
Squash	**het squash** ßkwosch
Squashball	**de squashbal** ßkwoschbal
Squashschläger	**het squashracket** ßkwoschrekət
Tennis	**het tennis** teniß
Tennisball	**de tennisbal** tenißbal
Tennisschläger	**het tennisracket** tenißrekət
Tischtennis	**het tafeltennis** ta:fəlteniß
Tor	**de goal** go:l
unentschieden	**het gelijkspel** chəläikßpel
verlieren	**verliezen** fərli:sə
Volleyball	**het volleybal** foli:bal

Wandern

Ich möchte nach ... wandern.
Ik wil graag wandelen naar ....
ik wil chra:ch wandələ na:r ....

Können Sie mir eine ... Tour empfehlen?
Kunt u mij een ... tocht aanbevelen?
könt ü: mäi ən ... tocht a:mbefe:lə?

... leichte
... lichte ... lichtə

... mittelschwere
... middelzware ... midəlswa:rə

Wie lange dauert sie ungefähr?
Hoe lang duurt deze ongeveer?
hu lang dü:rt de:sə onchəfe:r?

Kann man unterwegs einkehren?
Is er onderweg ook ergens een eet- of drinkgelegenheid?
iß ər ondərwech o:k erchəß ən e:t- of drinkchəle:chəhäit?

Kann ich in diesen Schuhen gehen?	Kan ik met deze schoenen lopen? kan ik met de:sə ßchunə lo:pə?
Gibt es geführte Touren?	Zijn er geleide tochten? säin ər cheläidə tochtə?
Sind wir auf dem richtigen Weg nach ...?	Zijn we op de goede weg naar ...? säin wə op də chudə wech na:r ...?
Wie weit ist es noch bis ...?	Hoe ver is het nog naar ...? hu fer iß ət noch na:r ...?

Weitere Wörter

Deich	**de dijk** däik
Deichvorland *(am Fluss)*	**de uiterwaard(en)** öjtərwa:rd(ə)
Düne	**het duin** döjn
Fußpfad	**de wandelweg** wandəlwech
joggen	**joggen** dschogə
Jogging	**het jogging** dschoging
Kompass	**het kompas** kompaß
klettern	**klimmen** klimə
Proviant	**het proviand** pro:fi:jant
Rucksack	**de rugzak** röchßak
Teleskopstöcke	**wandelstokken** wandəlßtokə
Wanderkarte	**de wandelkaart** wandəlka:rt
wandern	**wandelen** wandələ
Wanderschuhe	**de wandelschoenen** wandəlßchunə
Wanderweg	**de wandelweg** wandəlwech

Info

An den meisten größeren Bahnhöfen können Sie Fahrräder zu günstigen Preisen leihen, auch ohne Bahnfahrt. Man muss sich ausweisen und eine Kaution (**borg**) hinterlegen.
An Bahnhöfen oder in der Nähe der Hauptgeschäftsstraßen können Sie Ihr Fahrrad gegen Bezahlung beaufsichtigt unterstellen (**bewaakte fietsenstalling**), Fahrradzubehör erwerben und (kleinere) Reparaturen vornehmen lassen.

Rad fahren

Ich möchte ein Fahrrad mieten.	**Ik wou graag een fiets huren.** ik wau chra:ch ən fi:tß hü:rə.
Ich hätte gern ein Fahrrad mit ... Gängen.	**Ik had graag een fiets met ... versnellingen.** ik hat chra:ch ən fi:tß met ... fərßnelingə.
Haben Sie auch ein Fahrrad mit Rücktritt?	**Heeft u ook een fiets met een terugtraprem?** he:ft ü: o:k ən fi:tß met ən tə'röchtraprem?
Ich möchte es für ... mieten.	**Ik wil hem graag voor ... huren.** ik wil əm chra:ch fo:r ... hü:rə.
... einen Tag	**... een dag** ... e:n dach
... zwei Tage	**... twee dagen** ... twe: da:chə
... eine Woche	**... een week** ... e:n we:k
Bitte geben Sie mir einen Fahrradhelm.	**Geeft u mij een fietshelm, alstublieft.** che:ft ü: mäi ən fi:tßhelm, alßtü:'bli:ft.

Bitte stellen Sie mir die Sattelhöhe ein.	**Stelt u de hoogte van het zadel voor mij in, alstüblieft.** ßtelt ü: də ho:chtə fan ət ßa:dəl fo:r mäi in, alßtü:'bli:ft.
Kann ich einen Kinderfahrradsitz ausleihen?	**Kan ik een kinderzitje voor op de fiets huren?** kan ik ən kindərsitjə fo:r ob də fi:tß hü:rə?
Haben Sie eine Fahrradkarte?	**Heeft u een fietskaart?** he:ft ü: ən fi:tßka:rt?
Haben Sie eine Radwanderkarte?	**Heeft u een fietskaart?** he:ft ü: ən fi:tßka:rt?

Weitere Wörter

Dynamo	**de dynamo** di'na:mo
Fahrradflickzeug	**het reparatiedoosje voor een fiets** re:pa'ra:ßi:do:schə fo:r ən fi:tß
Fahrradkorb	**het fietsmandje** fi:tßmantjə
Gepäckträger	**de bagagedrager** ba'cha:schədra:chər
Handbremse	**de handrem** hantrem
Kinderfahrrad	**de kinderfiets** kindərfi:tß
Kindersitz	**het kinderzitje** kindərsitjə
Lampe	**de lamp** lamp
Licht	**het licht** licht
Luftpumpe	**de fietspomp** fi:tßpomp
Radweg	**het fietspad** fi:tßpat
Reifen	**de band** bant
Reifendruck	**de bandenspanning** bandəßpaning
Reifenpanne	**de bandenpech** bandəpech

Rücklicht	**het achterlicht** achtərlicht
Sattel	**het zadel** sa:dəl
Satteltaschen	**de zadeltassen** sa:dəltaßə
Schlauch	**de binnenband** binəbant
Ventil	**het ventiel** fenti:l
Vorderlicht	**het voorlicht** fo:rlicht

Adventure-Sports

Ausritt	**de rit te paard** rit tə pa:rt
Ballonfahrt	**het ballonvaren** balonfa:rə
Bungee-Jumping	**de bungee jumping** bönschi: dschömping
Drachenfliegen	**het deltavliegen** deltafli:chə
Fallschirmspringen	**het parachutespringen** paraschü:tßpringə
Freeclimbing	**het freeclimbing** fri:kläimbing
Gleitschirmfliegen	**de hanggliding** hengglaiding
Kajak	**de kajak** ka:jak
Kanu	**de kano** ka:no:
Kitesurfen	**het kitesurfen** kaitßörfən
Pferd	**het paard** pa:rt
Rafting	**het rafting** rafting
Regatta	**de regatta** re:chata
reiten	**(paard) rijden** (pa:rt) räidə
Ruderboot	**het roeibo:t** ruibo:t
Segelfliegen	**het zweefvliegen** swe:fli:chə
Segelflugzeug	**het zweefvliegtuig** 'swe:fli:chtöjch
segeln	**zeilen** säilə
Thermik	**de thermiek** ter'mi:k

Besichtigungen

Wann ist ... geöffnet?	**Wanneer gaat ... open?** wane:r cha:t ... o:pə?
Wie viel kostet ...	**Hoeveel kost ...** hufe:l koßt ...
... der Eintritt?	**... de entree?** ... də ẽtre:?
... die Führung?	**... de rondleiding?** ... də rontläiding?
Gibt es auch Führungen ...	**Zijn er ook rondleidingen ...** säin ər o:k rontläidingən ...
... auf Deutsch?	**... in het Duits?** ... in ət döjtß?
... auf Englisch?	**... in het Engels?** ... in ət engəlß?
Wann beginnt die Führung?	**Hoe laat begint de rondleiding?** hu la:t bəchint də rontläiding?
Was kostet die Rundfahrt mit dem Boot?	**Wat kost de rondvaart?** wat koßt də rontfa:rt?
Gibt es eine Ermäßigung für ...	**Zijn er kortingen voor ...** säin ər kortingə fo:r ...
... Familien?	**... gezinnen?** ... chəsinə?
... Kinder?	**... kinderen?** ... kindərə?
... Seniorinnen und Senioren?	**... ouderen?** ... audərə?
... Studierende?	**... studenten?** ... ßtü:dentə?
Eine Karte bitte.	**Een kaartje, alstublieft.** e:n ka:rtjə, alßtü:'bli:ft.
Zwei Erwachsene, zwei Kinder, bitte.	**Twee volwassenen, twee kinderen, alstublieft.** twe: folwaßənə, twe: kindərə, alßtü:'bli:ft.

Ich hätte gern einen Audioguide ...	**Ik had graag een audiogids ...** ik hat chra:ch ən audio:chitß ...
... auf Deutsch.	**... in het Duits.** ... in ət döjtß.
... auf Englisch.	**... in het Engels.** ... in ət engəlß.
Darf man fotografieren?	**Mag men foto's maken?** mach men fo:to:ß ma:kə?
Können Sie bitte ein Foto von ... machen?	**Kunt u alstublieft een foto van ... machen?** könt ü: alßtü:'bli:ft ən fo:to: fan ... ma:kə?
... mir	**... mij** ... mäi
... uns	**... ons** ... onß
Was für ein ... ist das?	**Wat voor een ... is dit?** wat fo:r ən ... is dit?
... Gebäude	**... gebouw** ... chəbau
... Denkmal	**... monument** ... mo:nü:ment
Haben Sie das Bild als ...	**Heeft u de afbeelding als een ...** he:ft u: də afbe:lding als ən ...
... Poster?	**... poster?** ... po:ßtər?
... Postkarte?	**... ansichtkaart?** ... ansichtka:rt?

Weitere Wörter

abstrakt	**abstract** apßtrakt
Altar	**het altaar** 'alta:r
Altstadt	**het oude centrum** audə ßentröm
antik	**antiek** anti:k
Aquarell	**de aquarel** akwarel
Architekt	**de architect** arschitekt

Architektur	**de architectuur** arschitektü:r
Ausflug	**het uitstapje** öjtßtapjə
Ausgrabungen	**de uitgravingen** öjtchra:fingə
Aussicht	**het uitzicht** öjtßicht
Ausstellung	**de tentoonstelling** tən'to:nßteling
Barock	**de barok** barok
Basilika	**de basiliek** basili:k
Besichtigung	**de bezichtiging** bəsichtəching
Bibliothek	**de bibliotheek** bibli:jo:te:k
Bild	**het schilderij** ßchildə'räi
Bildhauer(in)	**de beeldhouwer** be:lthauer
Botanischer Garten	**de botanische tuin** bo:ta:nißə töjn
Brauerei	**de brouwerij** brauəräi
Brücke	**de brug** bröch
Brunnen	**de bron** bron
Burg	**de burcht** börcht
Chor	**het koor** ko:r
Decke	**het plafond** pla'fon
Denkmal	**het monument** mo:nü:ment
Denkmalschutz	**de monumentenzorg** mo:nü:mentəsorch
Dom	**de dom** dom
Epoche	**de periode** pe:rjo:də
Expressionismus	**het expressionisme** ekßpreßjo:nißmə
Fassade	**de voorgevel** 'fo:rche:fəl
Fenster	**het raam** ra:m
Festung	**de citadel** ßitadel
filmen	**filmen** filmə
Flohmarkt	**de vlooienmarkt** flo:jəmarkt
Fluss	**de rivier** ri'fi:r
Fotografie	**de fotografie** fo:to:chrafi:
fotografieren	**fotograferen** fo:to:chrafe:rə
Fremdenführer(in)	**de reisgids** räißchitß
Fresko	**het fresco** freßko:
Friedhof	**het kerkhof** kerkhof

Fußgängerzone	**de voetgangerszone** futchangərßɔ:nə
Galerie	**de galerie** chaləri:
Garten	**de tuin** töjn
Gebäude	**het gebouw** chəbau
Gedenkstätte	**de gedenkplaats** chədenkpla:tß
Gemälde	**het schilderij** ßchildə'räi
geöffnet	**geopend** chə-o:pənt
geschlossen	**gesloten** chəßlo:tə
Gewölbe	**het gewelf** chəwelf
Glocke	**de klok** klok
Glockenspiel	**het carillon** karil'jon
Gotik	**de gotiek** cho:'ti:k
Gottesdienst	**de kerkdienst** kerkdi:nßt
Grab	**het graf** chraf
Grachtenrundfahrt	**grachtentocht** 'chrachtətocht
Hafen	**de haven** ha:fə
Halbinsel	**het schiereiland** ßchi:räilant
Hauptstadt	**de hoofdstad** ho:ftßtat
Haus	**het huis** höjß
Hof	**het hof** hof
Höhle	**de grot** chrot
Holzschnitt	**de houtsnede** hautßne:də
Impressionismus	**het impressionisme** impreßjo:nißmə
Innenstadt	**de binnenstad** binəßtat
Inschrift	**de inscriptie** in'ßkripßi:
Insel	**het eiland** äilant
Jahrhundert	**de eeuw** e:u
Jugendstil	**de jugendstil** ju:gəntschti:l
Kapelle	**de kapel** kapel
Katalog	**de catalogus** ka'ta:lochöß
Kathedrale	**de kathedraal** katədra:l
Keramik	**de keramiek** ke:ra'mi:k
Kirche	**de kerk** kerk
Kirchturm	**de kerktoren** kerkto:rə

Klassizismus	**het klassicisme** klaßißißmə
Kloster	**het klooster** klo:ßtər
König	**de koning** ko:ning
Königin	**de koningin** ko:nəng'in
Kopie	**de kopie** ko:pi:
Kreuz	**het kruis** kröjß
Kreuzgang	**de kruisgang** kröjßchang
Krypta	**de krypte** kriptə
Kunst	**de kunst** könßt
Künstler	**de kunstenaar** könßtəna:r
Künstlerin	**de kunstenares** könßtəna'reß
Kuppel	**de koepel** kupəl
Landschaft	**het landschap** lantßchap
Maler(in)	**de schilder** ßchildər
Markt	**de markt** markt
Markthalle	**de markthal** markthal
Marmor	**het marmer** marmər
Mauer	**de muur** mü:r
Mittelalter	**de middeleeuwen** midəl-e:uwən
Modell	**het model** mo:del
modern	**modern** mo:dern
Mosaik	**het mozaïek** mo:saji:k
Museum	**het museum** mü:se:jöm
Nationalpark	**het nationaal park** naßjo:na:l park
Naturschutzgebiet	**het natuurreservaat** natü:re:serfa:t
Opernhaus	**de opera** o:pəra
Orgel	**het orgel** orchəl
Original	**het origineel** orischine:l
Palast	**het paleis** paläiß
Park	**het park** park
Plakat	**het affiche** a'fi:schə
Plastik	**de plastiek** plaß'ti:k
Poster	**de poster** po:ßtər
Radierung	**de ets** etß

Rathaus	**het stadhuis** ßtathöjß
Religion	**de godsdienst** chotsdi:nßt
Renaissance	**de renaissance** rəneßã:nß
restaurieren	**restaureren** reßto:re:rə
Romanik	**de Romaanse kunst** roma:nßə könßt
Rosette	**de rozet** roset
Ruine	**de ruïne** rü:wi:nə
Saal	**de zaal** sa:l
Sammlung	**de collectie** kolekßi:
Sandstein	**het zandsteen** santßte:n
Säule	**de zuil** söjl
Schatzkammer	**de schatkamer** ßchatka:mər
Schloss	**het kasteel** kaßte:l
Schnitzerei	**het (hout)snijwerk** (haut)ßnäiwerk
See *(Binnengewässer)*	**het meer** me:r
Sehenswürdigkeiten	**de bezienswaardigheden** bəsi:nßwa:rdəche:də
Skulptur	**de sculptuur** ßkölptü:r
Stadion	**het stadion** ßta:di:jon
Stadt	**de stad** ßtat
Stadtführung	**de stadsrondleiding** ßtatßrontläiding
Stadtmauer	**de stadsmuur** ßtatßmü:r
Stadtteil	**de wijk** wäik
Stadttor	**de stadspoort** ßtatßpo:rt
Stadtzentrum	**het centrum** ßentröm
Statue	**het standbeeld** ßtandbe:lt
Sternwarte	**de sterrenwacht** ßterəwacht
Stil	**de stijl** ßtäil
Stillleben	**het stilleven** 'ßtile:fə
Surrealismus	**het surrealisme** ßöre:ja:lißmə
Symbolismus	**het symbolisme** ßimbo:lißmə
Synagoge	**de synagoge** ßinacho:chə
Tal	**de vallei** faläi
Töpferei	**de pottenbakkerij** potəbakəräi

Tor	**de poort** po:rt
Touristeninformation	**het VVV** (B: de toeristische dienst) fe:fe:fe: (B: tu:rißtiße di:nßt)
Turm	**de toren** to:rə
Überreste	**de overblijfselen** o:fərbläifßələ
Umgebung	**de omgeving** omche:fing
Universität	**de universiteit** ü:niferßitäit
Volkskundemuseum	**het volkskundemuseum** folksköndəmü:se:jöm
Wald	**het bos** boß
Wandmalerei	**de muurschildering** mü:rßchildəring
Wappen	**het wapen** wa:pə
Zeichnung	**de tekening** te:kəning
Zoo	**de dierentuin** di:rətöjn

Theater, Kino, Musik

Welche Veranstaltungen finden ... Woche statt?	**Wat voor evenementen zijn er ... week?** wat fo:r e:fenəmentə säin ər ... we:k?
... diese	**... deze** ... desə
... nächste	**... volgende** ... folchəndə
Haben Sie einen Veranstaltungskalender?	**Heeft u een uitkrant?** he:ft ü: ən öjtkrant?
Was wird heute gespielt?	**Wat wordt er vandaag gespeeld?** wat wort er fan'da:ch chəßpe:lt?
Wo bekommt man Karten?	**Hoe kom je aan kaartjes?** hu kom jə a:n ka:rtjəß?

Wann beginnt …	**Hoe laat begint …** hu la:t bəchint …
… die Vorstellung?	**… de voorstelling?** … də fo:rßteling?
… das Konzert?	**… het concert?** … ət konßert?
… der Film?	**… de film?** … də film?
Ab wann ist Einlass?	**Vanaf hoe laat kun je naar binnen?** fanaf hu la:t kön jə na:r binə?
Sind die Plätze nummeriert?	**Zijn de plaatsen genummerd?** säin də pla:tßə chənömərt?
Kann man Karten reservieren lassen?	**Kun je kaarten reserveren?** kön jə ka:rtə re:serfe:rə?
Ich hatte Karten vorbestellt auf den Namen …	**Ik had kaarten gereserveerd op naam van …** ik hat ka:rtə chəre:serfe:rt op na:m fan …
Haben Sie noch Karten für …	**Heeft u nog kaarten voor …** he:ft ü: noch ka:rtə fo:r …
… heute?	**… vandaag?** … fan'da:ch?
… morgen?	**… morgen?** … morchə?
Bitte zwei Karten für …	**Twee kaarten voor …, alstublieft.** twe: ka:rtə fo:r …, alßtü:'bli:ft.
… heute.	**… vandaag** … fan'da:ch
… heute Abend.	**… vanavond** … fa'na:fənt
… morgen.	**… morgen** … morchə
… die Vorstellung um … Uhr.	**… de voorstelling om … uur.** … də fo:rßteling om … ü:r
… den Film um … Uhr.	**… de film om … uur** … də film om … ü:r

Wie viel kostet eine Karte?	**Hoeveel kost een kaartje?** hufe:l koßt ən ka:rtjə?
Gibt es eine Ermäßigung für ...	**Zijn er kortingen voor ...** säin er kortingə fo:r ...
... Kinder?	**... kinderen?** ... kindərə?
... Seniorinnen und Senioren?	**... ouderen?** ... audərə?
... Studierende?	**... studenten?** ... ßtü:dentə?
Wann ist die Vorstellung zu Ende?	**Hoe laat is de voorstelling afgelopen?** hu la:t is də fo:rßteling afchəlo:pə?
Ich möchte ein Opernglas ausleihen.	**Ik wil graag een toneelkijker lenen.** ik wil chra:ch ən to:ne:lkäikər le:nə.

An der Kasse

avondkassa	Abendkasse
eerste rang	erster Rang
galerij	Galerie
links	links
loge	Loge
midden	Mitte
parket	Parkett
plaats	Platz
rang	Rang
rechts	rechts
rij	Reihe
staanplaats	Stehplatz
tweede rang	zweiter Rang
uitverkocht	ausverkauft
voorverkoop	Vorverkauf

Weitere Wörter

Akt	**het bedrijf** bədräif
Ballett	**het ballet** balet
Chor	**het koor** ko:r
Dirigent(in)	**de dirigent(e)** di:richent(ə)
Festspiele	**het festival** feßtifal
Folkloreabend	**de folkloristische avond** folklo:rißtißə a:fent
Freilichtbühne	**het openluchttheater** o:pəlöchte:ja:tər
Garderobe	**de garderobe** chardərɔ:bə
Hauptrolle	**de hoofdrol** ho:ftrol
Inszenierung	**de enscenering** ã:ßəne:ring
Kabarett	**het cabaret** kabaret
Kasse	**de kassa** kaßa
Kino	**de bioscoop** bi:joßko:p
Komponist	**de componist** kompo:nißt
Komponistin	**de componiste** kompo:nißtə
Liederabend	**de liederavond** li:dəra:fənt
Musical	**de musical** mju:sikəl
Musik	**de muziek** mü:si:k
Oper	**de opera** o:pəra
Operette	**de operette** o:pəretə
Orchester	**het orkest** orkeßt
Originalfassung	**de originele versie** ori:schine:lə ferßi:
Pause	**de pauze** pausə
Platz	**het plein** pläin
Popkonzert	**het popconcert** popkonßert
Premiere	**de première** prəmjä:rə
Programmheft	**het programmablad** pro:chramablat
Regisseur	**de regisseur** re:schißö:r
Regisseurin	**de regisseuse** re:schißö:sə
Sänger	**de zanger** sangər

Sängerin	**de zangeres** sangə'reß
Schauspieler	**de acteur** aktö:r
Schauspielerin	**de actrice** aktri:ßə
Solist	**de solist** ßo:lißt
Solistin	**de soliste** ßo:lißtə
Spielfilm	**de speelfilm** ßpe:lfilm
synchronisiert	**gesynchroniseerd** chəßinchro:nise:rt
Tänzer	**de danser** danßər
Tänzerin	**de danseres** danßə'reß
Theater	**het theater** the:ja:tər
Theaterstück	**het toneelstuk** to:ne:lßtök
Untertitel	**de ondertitel** ondərtitəl
Varieté	**het variété** farje:te:
Zirkus	**het circus** ßirköß

Ausgehen

Was kann man hier abends unternehmen?	**Wat kun je hier 's avonds zoal ondernemen?** wat kön jə hi:r ßa:fenß so:-al ondərne:mə?
Gibt es hier ...	**Is er hier in de buurt een ...** iß ər hi:r in də bü:rt ən ...
... eine nette Kneipe?	**... gezellig café?** ... chəseləch kafe:?
... einen angesagten Club?	**... hippe club?** ... hipə klöp?
Ist dort mehr ... Publikum?	**Is daar meer ... publiek?** iß da:r me:r ... pü'bli:k?
... jüngeres	**... jonger** ... jongər
... älteres	**... ouder** ... audər

Wo kann man hier tanzen gehen?	Waar kan men hier gaan dansen? wa:r kan men hi:r cha:n danßə?
Trägt man dort Abendgarderobe?	Moet je daar avondkledij dragen? mut jə da:r a:fentkle:däi dra:chə?
Ist hier noch frei? ▸Flirten, S. 62	Is hier nog vrij? iß hi:r noch fräi?
Darf ich Sie | dich zu einem Glas Wein einladen?	Mag ik u | je uitnodigen om een glas wijn te drinken? mach ik ü: | jə öjtno:dəchə om ən chlaß wäin tə drinkə?
Darf ich Sie | dich (zu einem Drink) einladen?	Mag ik u | je uitnodigen voor een drankje? mach ik ü: | jə öjtno:dəchə fo:r ən drankjə?
Was möchten Sie | möchtest du trinken? ▸Essen & Trinken, S. 83	Wat wilt u | wil je drinken? wat wilt ü: | wil jə drinkə?
Haben Sie eine Getränkekarte?	Heeft u een kaart met de dranken? he:ft ü: ən ka:rt met də drankə?
Das Gleiche noch mal, bitte.	Graag hetzelfde. chra:ch ətßelfdə.
Tanzen Sie | Tanzt du mit mir?	Wilt u | Wil je met me dansen? wilt ü: | wil jə met mə danßə?
Sie tanzen | Du tanzt sehr gut.	U | Je danst heel goed. ü: | jə danßt he:l chut.
Können Sie mir ein Taxi rufen?	Kunt u een taxi voor me bellen? könt ü: ən takßi: fo:r mə belə?

Spoedeisende
Hulp
Dienstapotheek
Huisartsenpost
Ambulances

Ernstfall

... die wichtigsten Sätze

Rufen Sie bitte einen Notarzt!

▸*Notruf, S. 194*

Roept u vlug een dokter!
rupt ü: flöch ən doktər!

Ich habe ... verloren.

Ik heb ... verloren.
ik hep ... fərlo:rə.

Man hat mir mein Portemonnaie gestohlen.

Mijn portemonee is gestolen.
mäin portəmone: iß chəßto:lə.

Ich brauche eine Bescheinigung für meine Versicherung.

▸*Polizei, S. 195*

Ik heb een bewijs voor mijn verzekering nodig.
ik hep ən bəwäiß fo:r mən fərse:kəring no:dəch.

Wo ist die nächste Apotheke?

Waar is de dichtstbijzijnde apotheek?
wa:r is də 'dichßdbäisäində apo:te:k?

Haben Sie etwas gegen ...?

Heeft u iets tegen ...?
he:ft ü: i:tß te:chə ...?

Ich brauche dieses Medikament.

▸*Apotheke, S. 197*

Ik heb dit medicament nodig.
ik hep dit me:di:kament no:dəch.

Können Sie mir einen praktischen Arzt empfehlen?

▸*Praxissuche, S. 200*

Kunt u mij een huisarts aanbevelen?

könt üː mäi ən höjßartß aːmbefeːlə?

Ich fühle mich nicht wohl.

Ik voel me niet lekker.

ik ful mə niːt lekər.

Hier habe ich Schmerzen.

Hier heb ik pijn.

hiːr hep ik päin.

Ich bin allergisch gegen Penizillin.

Ik ben allergisch voor penicilline.

ik ben alerchiß foːr peːnißiliːnə.

Ich bin (im ... Monat) schwanger.

▸*Im Behandlungsraum, S. 202*

Ik ben (... maanden) zwanger.

ik ben (... maːndə) swangər.

Ich möchte mit einem Arzt/einer Ärztin sprechen.

Ik wil met een arts spreken.

ik wil met ən artß ßpreːkə.

Bitte benachrichtigen Sie meine Familie.

▸*Im Krankenhaus, S. 206*

Kunt u alstublieft mijn familie informeren.

könt üː alßtüː'bliːft mən famiːliː informeːrə.

Dieser Zahn hier tut weh.

▸*Zahnheilkunde, S. 212*

Deze tand hier doet pijn.

deːsə tant hiːr dut päin.

Info

Die einheitliche alarmnummer (Notrufnummer) für den Rettungsdienst, die Polizei und die Feuerwehr ist in den Niederlanden 112, in Belgien 100. Unterwegs kann man am praatpaal (Notrufsäule) sowohl den Rettungsdienst, die Polizei als auch die wegenwacht (Pannenhilfe) erreichen.

Notruf

Hilfe!	Help! help!
Es ist ein Unfall passiert!	Er is een ongeluk gebeurd! er iß ən onchəlök chəbö:rt!
Rufen Sie bitte einen ...	Roept u vlug ... rupt ü: flöch ...
... Krankenwagen!	... een ambulance! ... ən ambü:lã:ß!
... Notarzt!	... een dokter! ... ən doktər!
Bitte helfen Sie!	Helpt u, alstüblieft! helpt ü:, alßtü:'bli:ft!
... Personen sind (schwer) verletzt.	... personen zijn (zwaar) gewond. ... pərßo:nə säin (swa:r) chəwont.
Wohin bringen Sie ...	Waar brengt u ... naartoe? wa:r brengt ü: ... na:rtu?
... ihn?	... hem ... hem
... sie?	... har ... ha:r
Ich möchte mitkommen.	Ik zou willen meegaan. ik ßau wilə me:cha:n.

Polizei

Wo ist das nächste Polizeirevier? ▸*Unfall, S. 46*	**Waar is het dichtstbijzijnde politiebureau?** wa:r is ət 'dichßdbäi'säində po:li:ßi:bü:ro:?
Ich möchte ... anzeigen.	**Ik wil aangifte doen van ...** ik wil a:nchiftə dun fan ...
... einen Diebstahl	**... een diefstal.** ... ən di:fßtal.
... einen Überfall	**... een overval.** ... ən o:fərfal.
... eine Vergewaltigung	**... een verkrachting.** ... ən fərkrachting.
Man hat mir ... gestohlen.	**... is gestolen.** ... iß chəßto:lə.
... meine Handtasche	**... Mijn handtas** ... mäin hantaß
... mein Portemonnaie	**... Mijn portemonnee** ... mäin portəmone:
Ich habe ... verloren.	**Ik heb ... verloren.** ik hep ... fərlo:rə.
Mein Auto ist aufgebrochen worden.	**Mijn auto is opengebroken.** mən auto: iß o:pəchəbro:kə.
Ich bin ... worden.	**Ik werd ...** ik wert ...
... betrogen	**... opgelicht.** ... opchəlicht.
... zusammengeschlagen	**... in elkaar geslagen.** ... in el'ka:r chəsla:chə.
Ich brauche eine Bescheinigung für meine Versicherung.	**Ik heb een bewijs voor mijn verzekering nodig.** ik hep ən bəwäiß fo:r mən fərse:kəring no:dəch.

Ich möchte mit ... sprechen. — **Ik wil met ... spreken.** ik wil met ... ßpre:kə.

... meinem Anwalt/ meiner Anwältin — **... mijn advocaat/advocate** ... mən atfo:ka:t/atfo:ka:tə

... meinem Konsulat — **... mijn consulaat** ... mən konßüla:t

Ich bin unschuldig. — **Ik ben onschuldig.** ik ben onßchöldəch.

Das könnten Sie hören:

◂ **Vult u alstublieft dit formulier in.**
fölt ü: alßtü:'bli:ft dit formü:li:r in.
Füllen Sie bitte dieses Formular aus.

◂ **Uw identiteitsbewijs, alstublieft.**
ü:u identitäitsbəwäiß, alßtü:'bli:ft.
Ihren Ausweis bitte.

◂ **Wanneer is het gebeurd?**
wane:r is ət chəbö:rt?
Wann ist es passiert?

◂ **Waar is het gebeurd?**
wa:r is ət chəbö:rt?
Wo ist es passiert?

◂ **Wendt u zich alstublieft tot uw consulaat.**
went ü: sich alßtü:'bli:ft tot ü:u konßü:la:t.
Wenden Sie sich bitte an Ihr Konsulat.

Weitere Wörter

Anzeige .... **de aangifte** a:nchiftə
Autoradio .... **de autoradio** auto:ra:di:jo:
belästigen .... **lastigvallen** laßtəchfalə
Botschaft .... **de ambassade** amba'ßa:də

Dieb(in)	de dief di:f
Falschgeld	het vals geld falß chelt
Fundbüro	het bureau voor gevonden voorwerpen bü:ro: fo:r chə'fondə 'fo:rwerpə
Handtasche	de handtas hantaß
Navigationsgerät	het navigatiesysteem nafi'cha:ßi:ßıßte:m
Polizei	de politie po:li:ßi:
Polizist(in)	de politieagent po:li:ßi:-achent
Portemonnaie	de portemonnee portəmone:
Rauschgift	de drugs drögß
Taschendieb(in)	de zakkenroller sakərolər
Unfall	het ongeval onchəfal
verhaften	arresteren areßte:rə
Zeuge/Zeugin	de getuige chətöjchə

Apotheke

Wo ist die nächste Apotheke (mit Nachtdienst)?

Waar is de dichtstbijzijnde apotheek (met nachtdienst)?
wa:r is də 'dichßd- bäi'säində apo:te:k (met nachdi:nßt)?

Haben Sie etwas gegen ...?
▸Krankheiten, S. 209

Heeft u iets tegen ...?
he:ft ü: i:tß te:chə ...?

Ich brauche dieses Medikament.

Ik heb dit medicament nodig.
ik hep dit me:di:kament no:dəch.

Eine kleine Packung genügt.

Een klein doosje is voldoende.
ən kläin do:schə iß foldundə.

Wie muss ich es einnehmen?

Op welke manier moet ik het gebruiken?
op welkə mani:r mut ik ət chəbröjkə?

Info

Die Öffnungszeiten der Apotheken entsprechen in der Regel denen der Geschäfte. In allen Apotheken hängt die Adresse der nächstgelegenen Notfallapotheke (Nacht- und Sonntagsdienst) aus.

Das könnten Sie hören:

◂ **Voor dit geneesmiddel moet u een recept hebben.**
fo:r dit chəne:ßmidəl mut ü: ən re:ßept hebə.
Dieses Medikament ist rezeptpflichtig.

◂ **Dat hebben we niet in voorraad.**
dat hebə wə ni:t in fo:ra:t.
Das haben wir nicht da.

◂ **We zullen het moeten bestellen.**
we sölən ət mutə bəßtelə.
Wir müssen es bestellen.

Wann kann ich es abholen? — **Wanneer kan ik het afhalen?**
wane:r kan ik ət afha:lə?

Medikamente

Abführmittel	**het laxeermiddel** lakße:rmidəl
Antibabypille	**de anticonceptiepil** anti:kon'ßepßi:pil
Antibiotikum	**het antibioticum** anti:bi:jo:ti:köm
Atemschutzmaske	**het mondkapje** montkapjə
Augentropfen	**de oogdruppels** o:chdröpəlß
Beruhigungsmittel	**het kalmeringsmiddel** kalme:ringßmidəl
Desinfektionsmittel	**het desinfecterend middel** de:sinfekte:rənt midəl

Einweghandschuhe	de wegwerphandschoenen 'wechwerphantßchunə
Elastikbinde	het elastisch verband e:laßtiß fərbant
fiebersenkendes Mittel	het koortsmiddel ko:rtßmidəl
Fieberthermometer	de koortsthermometer ko:rtßtermo:me:tər
Halsschmerz-tabletten	de keelpastilles ke:lpaßti:jəß
homöopathisch	homeopathisch ho:me:jo:pa:tiß
Hustensaft	de hoestdrank husdrank
Insulin	de insuline inßü:li:nə
Kohletabletten	de kooltabletten ko:ltabletə
Kondome	de condooms kondo:mß
Kopfschmerz-tabletten	de tabletten tegen de hoofdpijn tabletə te:chə də ho:ftpäin
Magentabletten	de maagtabletten ma:chtabletə
Mittel gegen ...	het middel tegen ... midəl te:chə ...
Mullbinde	de zwachtel swachtəl
Nasentropfen	de neusdruppels nö:sdröpəlß
Ohrentropfen	de oordruppels o:rdröpəlß
Pflaster	de pleister pläißtər
Puder	het poeder pudər
Pulver	het poeder pudər
Rezept	het recept re:ßept
Salbe	de zalf salf
Salbe gegen Juckreiz	de zalf tegen de jeuk salf te:chə də jö:k
Salbe gegen Mückenstiche	de zalf tegen muggenbeten salf te:chə möchəbe:tə
Salbe gegen Sonnenallergie	de zalf tegen zonne-allergie salf te:chə sonə-alerchi:
Salbe gegen Sonnenbrand	de zalf tegen zonnebrand salf te:chə sonəbrant
Schlaftabletten	de slaaptabletten ßla:ptabletə

Schmerzmittel	**de pijnstiller** päinßtilər
Spritze	**het spuitje** ßpöjtjə
Tabletten gegen ...	**de tabletten tegen ...** tabletə te:chə ...
Tropfen	**de druppels** dröpəlß
Verbandszeug	**het verbandmateriaal** fərbantmatərja:l
Wundsalbe	**de wondzalf** wontßalf
Zäpfchen	**de zetpil** setpil

Medizinische Hilfe

Praxissuche

Können Sie mir einen ... empfehlen?	**Kunt u mij een ... aanbevelen?** könt ü: mäi ən ... a:mbefe:lə?
... praktischen Arzt	**... huisarts** ... höjßartß
... Zahnarzt	**... tandarts** ... tantartß
Können Sie mir ... empfehlen?	**Kunt u mij een ... aanbevelen?** könt ü: mäi ən ... a:mbefe:lə?
... einen Kinderarzt	**... kinderarts** ... kindərartß
... ein Kinderkrankenhaus	**... kinderziekenhuis** ... kindərsi:kənhöjß
Spricht er/sie ...	**Spreekt hij ...** ßpre:kt häi ...
... Deutsch?	**... Duits?** ... döitß?
... Englisch?	**... Engels?** ... engəlß?
Wo ist seine/ihre Praxis?	**Waar is zijn praktijk?** wa:r iß ßən praktäik?

Wann hat er/sie Sprechstunde?	**Wanneer heeft hij/zij spreekuur?** wane:r he:ft häi/säi ßpre:kü:r?
Kann er/sie herkommen?	**Kan hij/zij hier naartoe komen?** kan häi/säi hi:r na:rtu ko:mə?
Mein Mann ist krank.	**Mijn man is ziek.** mən man iß ßi:k.
Meine Frau ist krank.	**Mijn vrouw is ziek.** mən frau iß ßi:k.

Medizinische Fachkräfte

Arzt	**de arts** artß
Ärztin	**de (vrouwelijke) arts** (frauələkə) artß
Augenarzt/-ärztin	**de oogarts** o:chartß
Frauenarzt	**de gynaecoloog** chine:ko:lo:ch
Frauenärztin	**de gynaecologe** chine:ko:lo:chə
Hals-Nasen-Ohren-Arzt/-Ärztin	**de kno-arts** ka:-eno:-artß
Hautarzt/-ärztin	**de huidarts** höjtartß
Heilpraktiker(in)	**de natuurgeneeskundige** natü:rchə'ne:ßköndəchə
Internist(in)	**de internist** intərnißt
Kinderarzt/-ärztin	**de kinderarts** kindərartß
Orthopäde/-din	**de orthopedist** orto:pe:'dißt
Praktische(r) Arzt/Ärztin	**de huisarts** höjßartß
Tierarzt/-ärztin	**de dierenarts** di:rənartß
Urologe/-gin	**de uroloog** ü:ro:lo:ch
Zahnarzt/-ärztin	**de tandarts** tantartß

Im Behandlungsraum

Ich habe ...	**Ik heb ...** ik hep ...
... Kopfschmerzen.	**... hoofdpijn.** ... ho:ftpäin.
... Halsschmerzen.	**... keelpijn.** ... ke:lpäin.
... hohes Fieber.	**... hoge koorts.** ... ho:chə ko:rtß.
... Durchfall.	**... diarree.** ... di:ja're:.
Ich bin (stark) erkältet.	**Ik ben (erg) verkouden.** ik ben (erch) fərkaudə.
Ich fühle mich nicht wohl.	**Ik voel me niet lekker.** ik ful mə ni:t lekər.
Mir ist schwindelig.	**Ik ben duizelig.** ik ben döjsələch.
Mir tut ... weh. *▸Körperteile, S. 207*	**Ik heb pijn aan mijn ...** ik hep päin a:n mən ...
Hier habe ich Schmerzen.	**Hier heb ik pijn.** hi:r hep ik päin.
Ich habe mich (mehrmals) übergeben.	**Ik heb (een paar keer) overgegeven.** ik hep (ən pa:r ke:r) o:fərchəche:fə.
Ich habe mir den Magen verdorben.	**Ik heb een bedorven maag.** ik hep ən bədorfə ma:ch.
Ich bin ohnmächtig geworden.	**Ik ben flauwgevallen.** ik ben flauchəfalə.
Ich kann ... nicht bewegen.	**Ik kan ... niet bewegen.** ik kan ... ni:t bəwe:chə.
Ich habe mich verletzt.	**Ik ben gewond.** ik ben chəwont.

Ich bin gestürzt.	**Ik ben gevallen.** ik ben chəfalə.
Ich bin von ... gestochen worden.	**ik ben door ... gestoken.** ik ben do:r ... chəßto:kə.
Ich bin von ... gebissen worden.	**ik ben door ... gebeten.** ik ben do:r ... chəbe:tə.
Ich bin (nicht) gegen ... geimpft.	**Ik ben (niet) tegen ... ingeënt.** ik ben (ni:t) te:chə ... inchə-ent.
Ich bin allergisch gegen Penizillin.	**Ik ben allergisch voor penicilline.** ik ben alerchiß fo:r pe:nißili:nə.
Mein Kind ist allergisch gegen Milchprodukte.	**Mijn kind is allergisch voor zuivelproducten.** mäin kint iß alerchiß fo:r söjfəlpro:döktə.
Ich habe einen ... Blutdruck.	**Ik heb een ... bloeddruk.** ik hep ən ... bludrök.
... hohen	**... hoge** ... ho:chə
... niedrigen	**... lage** ... la:chə
Ich habe einen Herzschrittmacher.	**Ik heb een pacemaker.** ik hep ən pe:ßme:kər.
Ich bin (im ... Monat) schwanger.	**Ik ben (... maanden) zwanger.** ik ben (... ma:ndə) swangər.
Ich bin Diabetiker(in).	**Ik heb diabetes.** ik hep di:jabe:teß.
Ich nehme regelmäßig diese Medikamente.	**Ik gebruik regelmatig deze medicijnen.** ik chəbröjk re:chəlma:təch de:sə me:dißäinə.

Das könnten Sie hören:

◂ **Welke klachten heeft u?**
welkə klachtə he:ft ü:?
Was für Beschwerden haben Sie?

◂ **Waar heeft u pijn?**
wa:r he:ft ü: päin?
Wo haben Sie Schmerzen?

◂ **Doet dit pijn?**
dut dit päin?
Tut das weh?

◂ **Doet u uw mond open.**
dut ü: ü:u mont o:pə.
Öffnen Sie den Mund.

◂ **Laat uw tong eens zien.**
la:t ü:u tong ənß ßi:n.
Zeigen Sie die Zunge.

◂ **Wilt u zich boven vrijmaken, alstublieft.**
wilt ü: sich bo:fə fräima:kə, alßtü:'bli:ft
Bitte machen Sie den Oberkörper frei.

◂ **Wilt u uw arm vrijmaken, alstublieft.**
wilt ü:ü:u arm fräima:kə, alßtü:'bli:ft.
Bitte machen Sie Ihren Arm frei.

◂ **Er moeten röntgenfoto's worden gemaakt.**
er mutə röntgənfo:to:ß wordə chəma:kt.
Wir müssen Sie röntgen.

◂ **Haalt u diep adem. En de adem inhouden.**
ha:lt ü: di:p a:dəm. en də a:dəm inhaudə.
Atmen Sie tief ein. Atem anhalten.

◂ **Bent u tegen ... ingeënt?**
bent ü: te:chə ... inchə-ent?
Sind Sie gegen ... geimpft?

◂ **Heeft u een inentingsbewijs?**
he:ft ü: ən 'inentingsbəwäiß?
Haben Sie einen Impfpass?

◂ **Uw bloed moet onderzocht worden.**
ü:u blut mut ondərsocht wordə.
Ihr Blut muss untersucht werden.

◂ **Uw urine moet onderzocht worden.**
ü:u ü:ri:nə mut ondərsocht wordə.
Ihr Urin muss untersucht werden.

◂ **U moet geopereerd worden.**
ü: mut chə'o:pəre:rt wordə.
Sie müssen operiert werden.

◂ **Het is niet ernstig.** Es ist nichts Ernstes.
ət iß ni:t ernßtəch.

◂ **Komt u morgen terug.**
komt ü: morchə təröch.
Kommen Sie morgen wieder.

◂ **Komt u over ... dagen terug.**
komt ü: o:fər ... da:chə təröch.
Kommen Sie in ... Tagen wieder.

Können Sie mir ein Attest ausstellen?
Kunt u een attest voor me schrijven?
könt ü: ən ateßt fo:r mə ßchräifə?

Muss ich noch einmal kommen?
Moet ik nog eens terugkomen?
mut ik noch ənß təröchko:mə?

Ich brauche eine Quittung für meine Versicherung.
Ik heb een kwitantie voor mijn verzekering nodig.
ik hep ən kwi'tanßi: fo:r mən fərse:kəring no:dəch.

Im Krankenhaus

Spricht hier jemand Deutsch?	**Is er hier iemand die Duits spreekt?** iß ər hi:r i:mant di: döjtß ßpre:kt?
Ich möchte mit einem Arzt/einer Ärztin sprechen. *▸Im Behandlungsraum, S. 202*	**Ik wil met een arts spreken.** ik wil met ən artß ßpre:kə.
Ich möchte mich lieber in Deutschland operieren lassen.	**Ik wil liever in Duitsland geopereerd worden.** ik wil li:fər in döjtßlant chə'o:pəre:rt wordə.
Ich habe eine Versicherung für den Rücktransport.	**Ik ben voor de repatriëring verzekerd.** ik ben fo:r də re:patri:'je:ring fər'se:kərt.
Bitte benachrichtigen Sie meine Familie.	**Kunt u alstublieft mijn familie informeren.** könt ü: alßtü:'bli:ft mən fami:li: informe:rə.
Können Sie mir helfen?	**Kunt u mij helpen?** könt ü: mäi helpə?
Geben Sie mir bitte etwas ...	**Geeft u me iets ..., alstüblieft.** che:ft u: mə i:tß ..., alßtü:'bli:ft.
... gegen die Schmerzen.	**... tegen de pijn** ... te:chə də päin
... zum Einschlafen.	**... om te slapen** ... om tə ßla:pə

Körperteile

Arm	**de arm** arm
Auge	**het oog** o:ch
Bandscheibe	**de tussenwervelschijf** tößəwerfəlßchäif
Bauch	**de buik** böjk
Becken	**het bekken** bekə
Bein	**het been** be:n
Blase	**de blaas** bla:ß
Blinddarm	**de blindedarm** blində'darm
Blut	**het bloed** blut
Bronchien	**de bronchiën** bronchi:jə
Brust	**de borst** borßt
Darm	**de darm** darm
Ferse	**de hiel** hi:l
Finger	**de vinger** fingər
Fuß	**de voet** fut
Galle	**de gal** chal
Gehirn	**de hersenen** 'herßənə
Gelenk	**het gewricht** chəfricht
Gesäß	**het zitvlak** sitflak
Geschlechtsorgane	**de geslachtsorganen** chəßlachtß-orcha:nə
Gesicht	**het gezicht** chəsicht
Hals	**de hals** halß
Hand	**de hand** hant
Haut	**de huid** höjt
Herz	**het hart** hart
Hüfte	**de heup** hö:p
Kehle	**de keel** ke:l
Knie	**de knie** kni:
Kniescheibe	**de knieschijf** kni:ßchäif

Knöchel .... de enkel enkəl
Knochen .... het bot bot
Kopf .... het hoofd ho:ft
Körper .... het lichaam 'licha:m
Leber .... de lever le:fər
Lunge .... de long long
Magen .... de maag ma:ch
Mandeln .... de amandelen amandələ
Mund .... de mond mont
Muskel .... de spier ßpi:r
Nacken .... de nek nek
Nase .... de neus nö:ß
Nebenhöhle .... de bijholte bäiholtə
Nerv .... de zenuw 'se:nü:u
Niere .... de nier ni:r
Ohr .... het oor o:r
Rippe .... de rib rip
Rücken .... de rug röch
Schienbein .... het scheenbeen ßche:nbe:n
Schilddrüse .... de schildklier ßchiltkli:r
Schleimhaut .... het slijmvlies ßläimfli:ß
Schlüsselbein .... het sleutelbeen ßlö:təlbe:n
Schulter .... de schouder ßchaudər
Sehne .... de pees pe:ß
Stirn .... het voorhoofd fo:rho:ft
Stirnhöhle .... de voorhoofdsholte 'fo:rho:ftßholtə
Wade .... de kuit köjt
Wirbel .... de wervel werfəl
Wirbelsäule .... de wervelkolom 'werfəlko:lom
Zahn .... de tand tant
Zehe .... de teen te:n
Zunge .... de tong tong

Krankheiten

Abszess	**het abces** apßeß
Aids	**de aids** e:tß
Allergie	**de allergie** alerchi:
Angina	**de angina** anchi:na
ansteckend	**besmettelijk** bəßmetələk
Asthma	**het astma** aßtma
Atembeschwerden	**de ademhalingsmoeilijkheden** 'a:dəmha:lingßmuiləkhe:də
Ausschlag	**de uitslag** öjtßlach
Bänderriss	**de scheuring van de (gewrichts)banden** ßchö:ring fan də (chəfrichts)bandə
Bindehaut-entzündung	**de bindvliesontsteking** bintfli:ß-ontßte:king
Biss	**de beet** be:t
Blasenentzündung	**de blaasontsteking** bla:ß-ontßte:king
Blinddarm-entzündung	**de blindedarmontsteking** blində'darm-ontßte:king
hoher Blutdruck	**de hoge bloeddruk** ho:chə bludrök
niedriger Blutdruck	**de lage bloeddruk** la:chə bludrök
Blutung	**de bloeding** bluding
Blutvergiftung	**de bloedvergiftiging** blutfərchiftəching
Bronchitis	**de bronchitis** bronchi:tiß
Bypass	**de bypass** baipaß
Coronavirus	**het coronavirus** 'koro:navirus
Covid-19	**covid-19** 'ko:vid-negəntien
Diabetes	**de suikerziekte** ßöjkərsi:ktə
Durchfall	**de diarree** di:ja're:
Entzündung	**de ontsteking** ontßte:king
Erbrechen	**het overgeven** o:fərche:fə
Erkältung	**de verkoudheid** fərkauthäit
Fieber	**de koorts** ko:rtß
Gallensteine	**de galstenen** chalßte:nə

gebrochen	gebroken chəbro:kə
Gehirnerschütterung	de hersenschudding 'herßəßchöding
Geschlechtskrankheit	de geslachtsziekte chəßlachtßi:ktə
Geschwür	de zweer swe:r
Grippe	de griep chri:p
Hämorriden	de aambeien a:mbäiə
Herpes	de herpes herpeß
Herzanfall	de hartaanval harta:nfal
Herzfehler	de hartafwijking 'hartafwäiking
Herzinfarkt	het hartinfarct hartinfarkt
Herzschrittmacher	de pacemaker päißmäikər
Heuschnupfen	de hooikoorts hoiko:rtß
Hexenschuss	het spit (in de rug) ßpit (in də röch)
Hirnhaut-entzündung	de hersenvliesontsteking 'herßəfli:ß-ontßte:king
Husten	de hoest hußt
Infektion	de infectie in'fekßi:
Ischias	de ischias ißchiaß
Keuchhusten	de kinkhoest kinkhußt
Kinderlähmung	de polio po:lijo:
Kolik	de koliek ko:'li:k
Krampf	de kramp kramp
Krankheit	de ziekte si:ktə
Krebs	de kanker kankər
Kreislaufstörungen	de storingen in de bloedsomloop ßto:ringən in də blutß-omlo:p
Lebensmittel-vergiftung	de voedselvergiftiging futßəlfərchiftəching
Leistenbruch	de liesbreuk li:sbrö:k
Lungenentzündung	de longontsteking long-ontßte:king
Magengeschwür	de maagzweer ma:chßwe:r
Magenschmerzen	de maagpijn ma:chpäin
Malaria	de malaria mala:rija

Mandelentzündung	**de amandelontsteking** amandəl-ontßte:king
Masern	**de mazelen** ma:sələ
Menstruation	**de menstruatie** menßtrü:'wa:ßi:
Migräne	**de migraine** michrä:nə
Mittelohr-entzündung	**de middenoorontsteking** midəno:r-ontßte:king
Mumps	**de bof** bof
Muskelzerrung	**de spierverrekking** ßpi:rfəreking
Nasenbluten	**de bloedneus** blutnö:ß
Neuralgie	**de neuralgie** nö:ralchi:
Nierensteine	**de nierstenen** ni:rßte:nə
Pilzinfektion	**de schimmel(infectie)** ßchiməl(infekßi:)
Prellung	**de kneuzing** knö:sing
Rheuma	**het reuma** rö:ma
Röteln	**de rodehond** ro:də'hont
Salmonellen-vergiftung	**de salmonellavergiftiging** ßalmo:nelafər'chiftəching
Scharlach	**de roodvonk** ro:tfonk
Scheiden-entzündung	**de vaginale ontsteking** fachina:lə ontßte:king
Schlaganfall	**de beroerte** bəru:rtə
Schnupfen	**de (neus)verkoudheid** (nö:ß)fərkauthäit
Schock	**de zenuwschok** se:nü:schok
Schüttelfrost	**de koude rillingen** kaudə rilingə
Schweißausbruch	**de plotselinge transpiratie** plotßəlingə tranßpi'ra:ßi:
Schwellung	**de zwelling** sweling
Schwindel	**de duizeligheid** döjsələchäit
Sehnenzerrung	**de peesverreking** pe:ßfəreking
Sodbrennen	**het maagzuur** ma:chßü:r
Sonnenbrand	**de zonnebrand** sonəbrant
Sonnenstich	**de zonnesteek** sonəßte:k
Stich *(Mücke)*	**de beet** be:t

Tetanus	**de tetanus** te:tanöß
gutartiger Tumor	**de goedaardige tumor** chud-a:rdəchə tü:mor
bösartiger Tumor	**de kwaadaardige tumor** kwa:d-a:rdəchə tü:mor
Übelkeit	**de misselijkheid** mißələkhäit
Verbrennung	**de brandwond** brantwont
Verletzung	**de verwonding** fərwonding
verrenkt	**verzwikt** fərswikt
verstaucht	**verstuikt** fərßtöjkt
Verstopfung	**de verstopping** fərßtoping
Windpocken	**de waterpokken** wa:tərpokə
Wunde	**de wond** wont
Zeckenbiss	**de tekenbeet** te:kəbe:t
Zyste	**de cyste** kißtə

Zahnheilkunde

Dieser Zahn hier tut weh.	**Deze tand hier doet pijn.** de:sə tant hi:r dut päin.
Der Zahn ist abgebrochen.	**Die tand hier is afgebroken.** di: tant hi:r iß afchəbro:kə.
Ich habe eine ... verloren.	**Ik heb een ... verloren.** ik hep ən ... fərlo:rə.
... Füllung	**... vulling** ... föling
... Krone	**... kroon** ... kro:n
Können Sie den Zahn provisorisch behandeln?	**Kunt u de tand provisorisch behandelen?** könt ü: də tant pro:fiso:riß bəhandələ?

Den Zahn bitte nicht ziehen.	**De tand niet trekken, alstublieft.** də tant ni:t trekə, alßtü:'bli:ft.
Geben Sie mir bitte eine Spritze.	**Geeft u mij alstublieft een spuitje.** che:ft ü: mə alßtü:'bli:ft ən ßpöjtjə.
Geben Sie mir bitte keine Spritze.	**Geeft u mij alstublieft geen spuitje.** che:ft ü: mə alßtü:'bli:ft che:n ßpöjtjə.
Können Sie diese Prothese reparieren?	**Kunt u deze prothese repareren?** könt ü: de:sə pro:te:sə re:pare:rə?

Das könnten Sie hören:

◂**U heeft een ... nodig.** Sie brauchen eine ...
ü: he:ft ən ... no:dəch.

... vulling ... föling — ... Füllung.

... kroon ... kro:n — ... Krone.

... brug ... bröch — ... Brücke.

◂**Ik moet de tand trekken.**
ik mut də tant trekə.
Ich muss den Zahn ziehen.

◂**Ik moet de kies trekken.**
ik mut də ki:ß trekə.
Ich muss den Backenzahn ziehen.

◂**Wilt u alstublieft goed spoelen.**
wilt ü: alßtü:'bli:ft chut ßpulə.
Bitte gut spülen.

◂**U mag twee uur niets eten.**
ü: mach twe: ü:r ni:tß e:tə.
Bitte zwei Stunden nichts essen.

Weitere Wörter

Abdruck	de afdruk afdrök
Amalgamfüllung	de amalgaamvulling amalcha:mföling
Gebiss	het gebit chəbit
Gebiss *(Prothese)*	het kunstgebit könßtchəbit
Goldinlay	de gouden inlay chaudə inle:j
Inlay	de inlay inle:j
Karies	de cariës ka:ri:jeß
Kiefer	de kaak ka:k
Kunststofffüllung	de kunststofvulling könßtoföling
Nerv	de zenuw se:nü:u
Parodontose	de parodontose parodonto:sə
Porzellanfüllung	de porseleinvulling porßəläinföling
Provisorium	het provisorium pro:fiso:ri:jöm
Weisheitszahn	de verstandskies fərßtantßki:ß
Wurzel	de wortel wortəl
Wurzelbehandlung	de wortelbehandeling wortəlbəhandəling
Zahn	de tand tant
Zahnfleisch	het tandvlees tantfle:ß
Zahnfleisch-entzündung	de tandvleesontsteking tantfle:ßontßte:king
Zahnspange	de beugel bö:chəl
Zahnstein	het tandsteen tantßte:n

Zeit & Wetter

... die wichtigsten Sätze

Wie spät ist es?	**Hoe laat is het?** hu laːt is ət?
Es ist ein Uhr.	**Het is een uur.** ət iß eːn üːr.
Es ist zwei Uhr.	**Het is twee uur.** ət iß tweː üːr.
Es ist fünf nach vier.	**Het is vijf (minuten) over vier.** ət iß fäif (minüːtə) oːfər fiːr.
Es ist Viertel nach fünf.	**Het is kwart over vijf.** ət iß kwart oːfər fäif.
Es ist halb sieben.	**Het is half zeven.** ət iß halfßeːfə.
Um wie viel Uhr?	**Hoe laat?** hu laːt?
In einer halben Stunde.	**Over een half uur.** oːfər ən half üːr.
Zwischen zehn und zwölf Uhr.	**Tussen tien en twaalf uur.** tößə tiːn en twaːlf üːr.

Es ist (zu) spät.	**Het is (te) laat.**	ət iß (tə) la:t.
Es ist noch zu früh. ▸*Uhrzeit, S. 218*	**Het is nog te vroeg.**	ət iß noch tə fruch.
Was für ein schönes Wetter heute!	**Wat een moi weer vandaag!**	wat ən moi we:r fan'da:ch!
Was sagt der Wetterbericht?	**Wat zegt het weerbericht?**	wat ßecht ət we:rbəricht?
Es wird schön.	**Het wordt mooi.**	ət wort moi.
Es ist ziemlich windig.	**Er waait een harde wind.**	er wait ən hardə wint.
Es regnet.	**Het regent.**	ət re:chənt.
Wie viel Grad haben wir?	**Hoeveel graden is het?**	hufe:l chra:dən iß ət?
Es sind ... Grad. ▸*Wetter, S. 222*	**Het is ... graden.**	hət iß ... chra:də.

Zeit

Uhrzeit

Wie spät ist es?	Hoe laat is het? hu la:t is ət?
Es ist ein Uhr.	het is een uur. ət iß e:n ü:r.
Es ist zwei Uhr.	Het is twee uur. ət iß twe: ü:r.
Es ist zwölf Uhr ...	Het is twaalf uur ... hət iß twa:lf ü:r ...
... mittags.	... 's middags. ... ßmidachß.
... nachts.	... 's nachts. ... ßnachß.
Es ist fünf nach vier.	Het is vijf (minuten) over vier. ət iß fäif (minü:tə) o:fər fi:r.
Es ist Viertel nach fünf.	Het is kwart over vijf. ət iß kwart o:fər fäif.
Es ist halb sieben.	Het is half zeven. ət iß halfße:fə.
Es ist 15 Uhr 35.	Het is vijftien uur vijfendertig. ət iß fäifti:n ü:r fäifəndertəch.
Es ist fünf nach halb vier.	Het is vijf over half vier. ət iß fäif o:fer halfi:r.
Es ist Viertel vor neun.	Het is kwart voor negen. ət iß kwart fo:r ne:chə.
Es ist zehn vor acht.	Het is tien (minuten) voor acht. ət iß ti:n (minü:tə) fo:r acht.
Um wie viel Uhr?	Hoe laat? hu la:t?

Um zehn Uhr.	**Om tien uur.** om ti:n ü:r.
Bis elf Uhr.	**Tot elf uur.** tot elf ü:r.
Von acht bis neun Uhr.	**Van acht tot negen uur.** fan acht tot ne:chən ü:r.
Zwischen zehn und zwölf Uhr.	**Tussen tien en twaalf uur.** tößə ti:n en twa:lf ü:r.
In einer halben Stunde.	**Over een half uur.** o:fər ən half ü:r.
Es ist spät.	**Het is laat.** ət iß la:t.
Es ist zu spät.	**Het is te laat.** ət iß tə la:t.
Es ist noch zu früh.	**Het is nog te vroeg.** ət iß noch tə fruch.

Zeitangaben

Abend	**de avond** a:fent
abends	**'s avonds** ßa:fenß
bald	**gauw** chau
bis	**tot** tot
früh	**vroeg** fruch
gestern	**gisteren** chißtərə
heute	**vandaag** fan'da:ch
heute Abend	**vanavond** fa'na:fənt
heute Morgen	**vanmorgen** fan'morchə
heute Nachmittag	**vanmiddag** fan'midach
in 14 Tagen	**over veertien dagen** o:fər fe:rti:n da:chə
Jahr	**het jaar** ja:r

jetzt	**nu** nü:
manchmal	**soms** ßomß
Minute	**de minuut** minü:t
mittags	**'s middags** ßmidachß
Monat	**de maand** ma:nt
morgen	**morgen** morchə
morgens	**'s morgens** ßmorchəß
Morgen	**de morgen** morchə
nächstes Jahr	**volgend jaar** folchənt ja:r
Nachmittag	**de namiddag** na'midach
nachmittags	**in de namiddag** in də na:'midach
Nacht	**de nacht** nacht
nachts	**'s nachts** ßnachß
seit	**sinds** ßinß
Sekunde	**de seconde** ßəkondə
spät	**laat** la:t
später	**later** la:tər
Stunde	**het uur** ü:r
halbe Stunde	**het halfuur** halfü:r
Tag	**de dag** dach
übermorgen	**overmorgen** o:fərmorchə
um	**om** om
Viertelstunde	**het kwartier** kwarti:r
vor einem Monat	**een maand geleden** ən ma:nt chəle:də
vor Kurzem	**onlangs** onlangß
vorgestern	**eergisteren** e:rchißtərə
vormittags	**in de voormiddag** in də fo:r'midach
Vormittag	**de voormiddag** fo:r'midach
Woche	**de week** we:k
Zeit	**de tijd** täit

Jahreszeiten

Frühling	**de lente** lentə
Sommer	**de zomer** soːmər
Herbst	**de herfst** herfßt
Winter	**de winter** wintər

Wochentage

Montag	**maandag** maːndach
Dienstag	**dinsdag** dinsdach
Mittwoch	**woensdag** wunsdach
Donnerstag	**donderdag** dondərdach
Freitag	**vrijdag** fräidach
Samstag	**zaterdag** saːtərdach
Sonntag	**zondag** sondach

Monate

Januar	**januari** janüː'waːri
Februar	**februari** feːbrüː'waːri
März	**maart** maːrt
April	**april** april
Mai	**mei** mäi
Juni	**juni** jüːni
Juli	**juli** jüːli
August	**augustus** auchößtöß
September	**september** ßeptembər
Oktober	**oktober** oktoːbər
November	**november** noːfembər
Dezember	**december** deːßembər

Wetter

Was für ein ... Wetter heute!	Wat een ... weer vandaag! wat ən ... we:r fan'da:ch!
... schönes	... mooi ... moi
... schlechtes	... slecht ... ßlecht
Wie wird das Wetter ...	Wat voor weer krijgen wij ... wat fo:r we:r kräichə wə ...
... heute?	... vandaag? ... fan'da:ch?
... morgen?	... morgen? ... morchə?
Was sagt der Wetterbericht?	Wat zegt het weerbericht? wat ßecht ət we:rbəricht?
Es wird ...	Het wordt ... ət wort ...
... schön.	... mooi. ... moi.
... schlecht.	... slecht. ... ßlecht.
... warm.	... warm. ... warm.
... heiß.	... heet. ... he:t.
... kalt.	... koud. ... kaut.
... schwül.	... zwoel. ... swul.
Es wird ... geben.	Het zal gaan ...
... Regen	... regenen. ... re:chənə.
... ein Gewitter	... onweren. ... onwe:rə.
Die Sonne scheint.	De zon schijnt. də son ßchäint.
Es ist ziemlich windig.	Er waait een harde wind. er wait ən hardə wint.
Es regnet.	Het regent. ət re:chənt.

Es schneit.	Het sneeuwt. ət ßne:ut.
Wie viel Grad haben wir?	Hoeveel graden is het? hufe:l chra:dən iß ət?
Es sind ... Grad (unter null).	Het is ... graden (onder nul). hət iß ... chra:də (ondər nöl).

Weitere Wörter

bewölkt	bewolkt bəwolkt
Blitz	de bliksem(flits) blikßəm(flitß)
Dämmerung	de schemering ßche:məring
diesig	heiig häijəch
Donner	de donder dondər
feucht	vochtig fochtəch
frieren	vriezen fri:sə
es friert	het vriest ət fri:ßt
Frost	de vorst forßt
Glatteis	de ijzel äisəl
Grad	de graad chra:t
Hagel	de hagel ha:chəl
heiter	helder heldər
Hitze	de hitte hitə
Hitzewelle	de hittegolf hitəcholf
Hoch	het hogedrukgebied ho:chə'drökchəbi:t
klar	helder heldər
Klima	het klimaat kli'ma:t
kühl	koel kul
Luft	de lucht löcht
Luftdruck	de luchtdruk löchdrök
Mond	de maan ma:n
nass	nat nat

Nebel	de mist mißt
Niederschläge	de neerslag ne:rßlach
Nieselregen	de motregen motre:chə
Regenschauer	de regenbui re:chəmböj
regnerisch	regenachtig re:chənachtəch
Schnee	de sneeuw ßne:u
Sonne	zon son
Sonnenaufgang	de zonsopgang sonßopchang
Sonnenuntergang	de zonsondergang sonßondərchang
sonnig	zonnig sonəch
Stern	de ster ßter
Sturm	de storm ßtorm
stürmisch	stormachtig ßtormachtəch
tauen	dooien doiə
es taut	het dooit hə doit
Temperatur	de temperatuur tempəratü:r
Tief	het lagedrukgebied la:chə'drökchəbi:t
trocken	droog dro:ch
Unwetter	het noodweer no:twe:r
wechselhaft	wisselvallig wißəl'faləch
Wind	de wind wint
Wolke	de wolk wolk

Deutsch – Niederländisch

A

ab af af; *(zeitl)* vanaf fanaf
abbestellen afbestellen afbəßtelə
abbrechen afbreken afbre:kə
Abend de avond a:fent
Abendessen het avondeten a:fənte:tə
abends 's avonds ßa:fenß
aber maar ma:r
abfahren vertrekken fərtrekə
abholen afhalen afha:lə
abnehmen afnemen afne:mə; *(Mensch)* vermageren fərma:chərə
Abreise het vertrek fərtrek
absagen afzeggen afßechə
abschalten uitschakelen öjtßcha:kələ; *(Motor)* afzetten afßetə
abschleppen wegslepen wechßle:pə
abschließen afsluiten afßlöjtə
absichtlich opzettelijk op'ßetələk
Abteilung de afdeling afde:ling
achtgeben auf letten op letə op
Achtung! Let op! let op!
Adapter de adapter adaptər
Adresse het adres adreß
ähnlich sehen lijken op läikə op
Akzent het accent akßent
Alkohol de alcohol alko:hol
alle al de al də; *(jeder)* allemaal aləma:l; ~ **beide** allebei aləbäi
allein alleen ale:n
alleinstehend alleenstaand ale:nßta:nt
alles allemaal aləma:l
allgemein algemeen alchəme:n
als toen tun; *(Vergleich)* dan dan
alt oud aut
Alter de leeftijd le:ftäit
Amaryllis de amaryllis amariliß
an aan a:n
anbieten aanbieden a:mbi:də
Andenken het souvenir ßufəni:r
andere ander(e) andər(ə)
ändern veranderen fərandərə; *(Kleidung)* vermaken fərma:kə
anders anders andərß
Anfang het begin bəchin
anfangen beginnen bəchinə
Angebot de aanbieding a:mbi:ding
Angestellte(r) de bediende bədi:ndə
Angst haben bang zijn bang säin

Ankunft de aankomst a:nkomßt
anmelden aanmelden a:nmeldə
Anmeldung de receptie re:'ßepßi:
annehmen aannemen a:ne:mə
anrufen bellen belə
Ansichtskarte de ansichtkaart ansichtka:rt
antik antiek anti:k
antworten antwoorden antwo:rdə
Anzahlung de aanbetaling a:mbəta:ling
Anzeige *(Zeitung)* de advertentie atfər'tenßi:
anziehen aantrekken a:ntrekə; **sich ~** zich aankleden sich a:nkle:də
Apotheke de apotheek apote:k
Appartement het appartement apartəment
Arbeit het werk werk
arbeiten werken werkə
arbeitslos werkeloos werkəlo:ß
ärgerlich onaangenaam ona:nchəna:m
arm arm arm
Armbanduhr het horloge hor'lo:schə
Art de soort ßo:rt; *(Weise)* de manier mani:r
Arzt de arts artß
Ärztin de arts artß
Aschenbecher de asbak asbak
auch ook o:k
auf op op; *(geöffnet)* open o:pə
aufbewahren bewaren bəwa:rə
aufhören ophouden ophaudə
aufmachen openmaken o:pəma:kə; *(Geschäft)* openen o:pənə
aufpassen opletten opletə
aufschreiben opschrijven opßchräifə
aufstehen opstaan opßta:n
aufwachen wakker worden wakər wordə
Aufzug de lift lift
aus uit öjt; *(vorbei)* afgelopen afchəlo:pə; **~ Gold** van goud fan chaut
ausdrucken uitdraaien öjdraiə
ausfüllen *(Formular)* invullen infölə
Ausgang de uitgang öjtchang
ausgeben uitgeven öjtche:fə
ausgehen uitgaan öjtcha:n
ausgezeichnet uitstekend öjt'ßte:kənt
Auskunft de informatie informa:ßi:
Ausländer de buitenlander böjtəlandər; **~in** de buitenlandse böjtəlantßə
ausleihen uitlenen öjtle:nə

ausmachen *(Licht)* **uitdoen** öjdun; *(verabreden)* **afspreken** afßpre:kə
Ausnahme **de uitzondering** öjtßondəring
aussehen **uitzien** öjtßi:n
außen **buiten** böjtə
außer **behalve** bəhalfə
Aussicht **het uitzicht** öjtßicht
aussteigen **uitstappen** öjtßtapə
Ausstellung **de tentoonstelling** tən'to:nßteling
Ausverkauf **de uitverkoop** öjtfərko:p
Auswahl **de keuze** kö:sə
auswechseln **wisselen** wißələ
Ausweis **de identiteitskaart** identitäitßka:rt
ausziehen **uittrekken** öjtrekə; *(aus Wohnung)* **verhuizen** fərhöjsə; **sich ~** **zich uitkleden** sich öjtkle:də
Auto **de auto** auto:
Autobahn **de snelweg** ßnelwech
Azalee **de azalea** a'sa:le:ja

B

Bad **het bad** bat
Bahnhof **het station** ßtaßjon
bald **straks** ßtrakß
Ball **de bal** bal
Bank **de bank** bank
bar **contant** kon'tant
Batterie **de batterij** batəräi
bauen **bouwen** bauwən
Bauernhof **de boerderij** bu:rdə'räi
Baum **de boom** bo:m
Beamte(r) **de ambtenaar** amtəna:r
Beanstandung **de klacht** klacht
bedienen **bedienen** bədi:nə
beenden **beëindigen** bə'äindəchə; *(vollenden)* **voltooien** fol'to:jə
befestigen **vastmaken** faßtma:kə
begegnen **ontmoeten** ontmutə
begeistert **enthousiast** entusjaßt
Beginn **het begin** bəchin
begleiten **begeleiden** bəchəläidə
behalten **houden** haudə
Behörde **de overheid** o:fərhäit
bei **bij** bäi
beide **beide(n)** bäidə
beinahe **bijna** bäina:
beißen **bijten** bäitə
Bekannte(r) **de kennis** kenəß
bekommen **krijgen** kräichə
Belgier **de Belg** belch; **~in** **de Belgische** belchißə
benachrichtigen **waarschuwen** 'wa:rßchü:wə
benutzen **gebruiken** chəbröjkə
Benzin **de benzine** bensi:nə

bequem (ge)makkelijk (chə)makələk
bereit gereed chəre:t; *(zu)* bereid om te bəräit om tə
Beruf het beroep bərup
berühmt beroemd bərumt
berühren aanraken a:nra:kə
beschädigt beschadigd bəßcha:dəcht
beschäftigt bezig be:səch
Besen de bezem be:səm
besetzt bezet bəset
Besichtigung de bezichtiging bəsichtəching
Besitzer de eigenaar äichəna:r
besonders vooral fo:'ral
besser beter be:tər
Bestätigung de bevestiging bəfeßtəching
beste(r) best(e) beßt(ə)
Besteck het bestek bəßtek
Bestellung bestelling bəßteling
besuchen bezoeken bəsukə
Betrag het bedrag bədrach
betrunken dronken dronkə
Bett het bed bet
Bettwäsche het bedlinnen betlinə
bezahlen betalen bəta:lə; *(in der Gaststätte)* afrekenen afre:kənə
Bild het beeld be:lt
Bildschirm het scherm ßcherm
billig goedkoop chutko:p
binden binden bində
bis tot tot
ein bisschen een beetje əm be:tjə
bitte alstublieft alßtü:'bli:ft
bitten um vragen om fra:chə om
Blatt het blad blat
bleiben blijven bläifə
Blick de blik blik
Blume de bloem blum
Boden de grond chront
böse boos bo:ß
Brand de brand brant
brauchen nodig hebben no:dəch hebə
braun bruin bröjn
breit breed bre:t
brennen branden brandə
Brief de brief bri:f
Briefkasten de brievenbus bri:fəböß
Briefmarke de postzegel poßtße:chəl
Brieftasche de portefeuille portə'föjə
Brille de bril bril
bringen brengen brengə
Brücke de brug bröch
Bruder de broer bru:r
Buch het boek buk
buchen boeken bukə
Büro het kantoor kanto:r
Bus de bus böß

C

CD de cd ßeːdeː
Chrysanteme de chrysant kri'sant
Computer de computer kompjuːtər

D

Dach het dak dak
dafür ervoor erfoːr
dagegen ertegen erteːchə
Dahlie de dahlia daliːja
Dame de dame daːmə
danke dank u wel dank üː wel
das het ət
Datum de datum daːtəm
dauern duren düːrə; **es dauert** et duurt ət düːrt
Debitkarte de pinpas pinpaß
Decke de deken deːkə
dein jouw jau
denken an denken aan denkə aːn
deshalb daarom daːrom
deutlich duidelijk döjdələk
deutsch Duits döjtß; **auf Deutsch** in het Duits in ət döjtß
Deutsche de Duitse döjtßə; **~r** de Duitser döjtßə(r)
Deutschland Duitsland döjtßlant
dick dik dik
Dienstag de dinsdag dinsdach
diese(r) deze deːsə
Ding het ding ding
direkt rechtstreeks rech'ßtreːkß
Dolmetscher(in) de tolk tolk
Donnerstag de donderdag dondərdach
doppelt dubbel döbəl
Dorf het dorp dorp
dort daar daːr
Dose het blik blik
Dosenöffner de blikopener blikoːpənər
Draht de draad draːt
draußen buiten böjtə
drehen draaien draiə
dringend dringend dringənt
drinnen binnen binə
Drogen de drugs drögß
drücken drukken drökə
du je jə
dumm dom dom
dunkel donker donkər
dünn dun dön
durch door doːr
dürfen mogen moːchə
Durst de dorst dorßt
Dusche de douche dusch

E

Ebbe de eb ep
eben flach flak; **~ erst** net net
echt echt echt
Ecke de hoek huk
Ehe het huwelijk hüːwələk

Ehefrau de vrouw frau
Ehemann de man man
Eimer de emmer emər
ein(e) een ən
Einbahnstraße het eenrichtingsverkeer e:nrichtingßfərke:r
einfach eenvoudig e:n'faudəch; *(leicht)* makkelijk makələk
Eingang de ingang inchang
einkaufen boodschappen doen bo:tßchapə dun
Einladung de invitatie infi:ta:ßi:
einmal éénmaal e:nma:l
einpacken inpakken impakə
einsteigen instappen inßtapə
Eintrittskarte het entreekaartje ã:tre:ka:rtjə
einverstanden akkoord ako:rt
einzeln apart apart
Eltern de ouders audərß
Empfang de receptie re:'ßepßi:
Ende het einde äində
endlich eindelijk äindələk
eng nauw nau
Enkel de kleinzoon kläinso:n; **~in** de kleindochter kläindochtər
Entfernung de afstand afßtant
enthalten bevatten bəfatə
Entschuldigung! Pardon! par'dõ:!
entweder … oder of … of of … of
entwerten afstempelen afßtempələ
er hij häi
Erde de aarde a:rdə
Erdgeschoss de begane grond bə'cha:nə chront
etwas erfahren iets vernemen i:tß fərne:mə
Erfolg het succes ßökßeß
Ergebnis het resultaat re:sölta:t
erinnern an herinneren aan herinərə a:n; **sich erinnern an** zich iets herinneren sich i:tß herinərə
erklären uitleggen öjtlechə
erlauben toestaan tußta:n
Ermäßigung de korting korting
erreichen bereiken bəräikə; *(Zug)* halen ha:lə
Ersatzteil het reserveonderdeel re:serfə-ondərde:l
erste(r) eerste e:rßtə
Erwachsene(r) de volwassene folwaßənə
erwarten verwachten fərwachtə
erzählen vertellen fərtelə
es het ət
essen eten e:tə
Etage de verdieping fərdi:ping
etwas iets i:tß
evangelisch-lutherisch luthers lü:tərß

F

Fähre **de veerboot** fe:rbo:t
fahren *(Landfahrzeuge)* **rijden** räidə; *(Schiffe)* **varen** fa:rə
Fahrer(in) **de chauffeur** scho:fö:r
Fahrkarte **het kaartje** ka:rtjə
Fahrpreis **het tarief** tari:f
Fahrrad **de fiets** fi:tß
Fahrradweg **het fietspad** fi:tßpat
fallen **vallen** falə
falsch **verkeerd** fərke:rt; *(unecht)* **vals** falß
Familie **het gezin** chəsin
Farbe **de kleur** klö:r
fehlen **ontbreken** ond'bre:kə
Fehler **de fout** faut
Feiertag **de feestdag** fe:sdach
Fenster **het raam** ra:m
Fernseher **de tv** te:fe:
fertig **klaar** kla:r
fest **vast** faßt
feucht **vochtig** fochtəch
Feuer **het vuur** fü:r
Feuerzeug **de aansteker** a:nßte:kər
Film **film** film
finden **vinden** fində
Fisch **de vis** fiß
flach **vlak** flak; *(seicht)* **ondiep** ondi:p
Flame **de Vlaming** fla:ming
Flämin **de Vlaamse** fla:mßə
Flandern **Vlaanderen** fla:ndərə
Flasche **de fles** fleß
Flaschenöffner **de flesopener** fleßo:pənər
Fleck **de vlek** flek
fliegen **vliegen** fli:chə
Fluss **de rivier** ri'fi:r
Flut **de vloed** flut
fotografieren **fotograferen** fo:to:chrafe:rə
Frage **de vraag** fra:ch
Frau **de vrouw** frau; *(Anrede)* **mevrouw** məfrau
frei **vrij** fräi
Freitag **de vrijdag** fräidach
Freund **de vriend** fri:nt
Freundin **de vriendin** fri:n'din
freundlich **vriendelijk** fri:ndələk
frieren **het koud hebben** ət kaut hebə
frisch **vers** ferß
Frisiersalon **de kapsalon** 'kapßalon
früh **vroeg** fruch
Frühstück **het ontbijt** on'bäit
Führerschein **het rijbewijs** räibəwäiß
funktionieren **werken** werkə
für **voor** fo:r

G

Gabel **de vork** fork
ganz **heel** he:l
Garantie **de garantie** cha'ranßi:

Garten de tuin töjn
Gas het gas chaß
Gast de gast chaßt
Gebäude het gebouw chəbau
geben geven che:fə;
es gibt er is/zijn er iß/säin
geboren geboren chəbo:rə
Gebühr het tarief tari:f
Geburtstag de verjaardag fərja:rdach
gefährlich gevaarlijk chəfa:rlək
gefallen bevallen bəfalə;
es gefällt mir het bevalt me ət bəfalt mə
gegen tegen te:chə
Gegenteil het tegendeel 'te:chəde:l; **im ~** integendeel in'te:chənde:l
gegenüber tegenover te:chəno:fər
Gehalt het salaris ßa'la:riß
gehen gaan cha:n
Geld het geld chelt
gemütlich gezellig chəseləch
genau precies prəßi:ß
genießen genieten van chəni:tə fan
genug genoeg chənuch
geöffnet geopend chə-o:pənt
Gepäck de bagage ba'cha:schə
gerade recht recht
geradeaus rechtdoor rechdo:r
Geräusch het geluid chəlöjt
Gericht *(Essen)* het gerecht chərecht
gern graag chra:ch
Geruch de geur chö:r
Geschäft de zaak sa:k
geschäftlich voor zaken fo:r sa:kə
Geschenk het cadeau ka'do:
geschieden gescheiden chəßchäidə
Geschirr het serviesgoed ßerfi:ßchut
geschlossen gesloten chəßlo:tə
Geschmack de smaak ßma:k
Geschwindigkeit de snelheid ßnelhäit
Geschwister de broer en zus bru:r en söß
Gesetz de wet wet
Gespräch het gesprek chəßprek
gestern gisteren chißtərə
gesund gezond chəsont
Gewicht het gewicht chəwicht
gewinnen winnen winə
gewöhnt gewend chəwent
gießen gieten chi:tə
giftig giftig chiftəch
glänzen glansen chlansə
Glas het glas chlaß
glatt glad chlat
glauben geloven chəlo:fə
gleich gelijk chəläik; *(sogleich)* meteen me'te:n

gleichzeitig **tegelijkertijd** təchə'läikərtäit
Glück **het geluk** chəlök
glücklich **gelukkig** chəlökəch
Glühbirne **de gloeilamp** chluilamp
Gottesdienst **de kerkdienst** kerkdi:nßt
Gras **het gras** chraß
gratulieren **feliciteren** fe:li:ßi:te:rə
Grenze **de grens** chrenß
groß **groot** chro:t
Größe **de grootte** chro:tə; *(Schuhe, Kleidung)* **de maat** ma:t
Grund *(Ursache)* **de reden** re:də
Gruppe **de groep** chrup
gültig **geldig** cheldəch
gut **goed** chut

H

haben **hebben** hebə
Hafen **de haven** ha:fə
Haken **de haak** ha:k
halb **half** half
Hälfte **de helft** helft
halten **houden** haudə; *(anhalten)* **stoppen** ßtopə
Haltestelle **de halte** haltə
Hammer **de hamer** ha:mər
Handgepäck **de handbagage** 'handbacha:schə
Handtasche **de handtas** hantaß
Handtuch **de handdoek** handuk
hängen **hangen** hangə
hart **hard** hart
hässlich **lelijk** le:lək
Hauptsaison **het hoofdseizoen** ho:ftßäisun
Hauptstadt **de hoofdstad** ho:ftßtat
Haus **het huis** höjß
heiraten **trouwen met** trauə met
heiß **heet** he:t
heißen **heten** he:tə
Heizung **de verwarming** fərwarming
helfen **helpen** helpə
hell **licht** licht
Herd **het fornuis** for'nöjß
Herr **de heer** he:r; *(Anrede)* **meneer** məne:r
herstellen **maken** ma:kə
heute **vandaag** fan'da:ch
hier **hier** hi:r
Hilfe **de hulp** hölp!
Himmel **de hemel** he:məl
hinlegen **neerleggen** ne:rlechə; **sich ~** **gaan liggen** cha:n lichə
hinten **achter** achtər
hinter **achter** achtər
Hitze **de hitte** hitə
Hobby **de hobby** hobi:
hoch **hoog** ho:ch
höchstens **hoogstens** ho:chßtənß

hoffentlich **hopelijk** ho:pələk
höflich **beleefd** bəle:ft
Höhe **de hoogte** ho:chtə
holen **halen** ha:lə
Holz **het hout** haut
hören **horen** ho:rə; *(Musik)* **luisteren naar** löjßtərə na:r
Hotel **het hotel** ho:tel
hübsch **mooi** moi
Hund **de hond** hont
Hunger **de honger** hongər
hungrig **hongerig** hongərəch
Hyazinthe **de hyacinth** hi:jaßint

I

ich **ik** ik
Idee **het idee** ide:
immer **altijd** altäit
in **in** in; **~ drei Tagen** **over drie dagen** o:fər dri: da:chə
inbegriffen **inbegrepen** imbəchre:pə
Information **de informatie** informa:ßi:
Inhalt **de inhoud** inhaut
innen **binnen** binə
Innenstadt **de binnenstad** binəßtat
innerhalb **binnen** binə
Insekt **het insect** inßekt
Insel **het eiland** äilant
insgesamt **in totaal** in to:ta:l
intelligent **intelligent** intelichent
interessant **interessant** intərəßant
inzwischen **inmiddels** in'midəlß
Irrtum **de vergissing** fərchißing

J

ja **ja** ja:
Jahr **het jaar** ja:r; **nächstes ~** **volgend jaar** folchənt ja:r
Jahrhundert **de eeuw** e:u
jede(r, -s) **ieder(e)** i:dər(ə)
jemand **iemand** i:mant
jetzt **nu** nü:
Job **de job** dschop
Jugendherberge **de jeugdherberg** jö:chtherberch
jung **jong** jong
Junge **de jongen** jongə

K

Kalender **de kalender** kalendər
kalt **koud** kaut
Kanal **de vaart** fa:rt
kaputt **kapot** kapot
Karte **de kaart** ka:rt
Kasse **de kassa** kaßa
Katalog **de catalogus** ka'ta:lochöß
katholisch **katholiek** kato:'li:k
Katze **de kat** kat
kaufen **kopen** ko:pə
kaum **nauwelijks** nauələks
kein(e) **geen** che:n
keiner **niemand** ni:mant

kennen kennen kenə
kennenlernen leren kennen le:rə kenə
Kerze de kaars ka:rß
Kette de ketting keting
Kind het kind kint
Kirche de kerk kerk
Kissen het kussen kößə
klar helder heldər
klassisch klassiek kla'ßi:k
klein klein kläin
Kleingeld het kleingeld kläinchelt
Klingel de bel bel
klingeln bellen belə
klopfen kloppen klopə
klug verstandig fərßtandəch
Knopf de knop knop
kochen koken ko:kə
Kochtopf de pan pan
Koffer de koffer kofər
kommen komen ko:mə
Kondom het condoom kondo:m
können kunnen könə
Kopie de kopie ko:pi:
Korb de mand mant
Korkenzieher de kurketrekker körkətrekər
kosten kosten koßtə
kostenlos gratis chra:tiß
Krach het lawaai la'wai
kräftig krachtig krachtəch
krank ziek si:k; **~ werden** ziek worden si:k wordə
Krankenpfleger(in) de verpleegster fərple:chßtər
Krankheit de ziekte si:ktə
Kreis de kring kring
Krokus de crocus kro:köß
Küche de keuken kö:kə
Kuh de koe ku
kühl koel kul
Kühlschrank de koelkast kulkaßt
Kunst de kunst könßt
Kurve de bocht bocht
kurz kort kort
Kuss de zoen sun
Küste de kust kößt

L

lächeln glimlachen chlimlachə
lachen lachen lachə
Lampe de lamp lamp
Land het land lant
Landschaft het landschap lantßchap
Landstraße de provinciale weg pro:finßja:lə wech
lang lang lang
Länge de lengte lengtə
langsam langzaam langsa:m
langweilig saai ßai
Lärm het lawaai la'wai
lassen laten la:tə
laufen lopen lo:pə

laut luid löjt
leben leven le:fə
Leder het leder le:dər
ledig ongehuwd onchəhü:ut
leer leeg le:ch
legen leggen lechə
Lehrer de leraar le:ra:r;
~in de lerares le:ra'reß
leicht licht licht
leihen huren hü:rə
leise zacht sacht
lernen leren le:rə
lesen lezen le:sə
letzte(r) laatst(e) la:tßtə
Leuchtturm de vuurtoren
fü:rto:rə
Leute de mensen menßə
Licht het licht licht
lieben houden van haudə fan
Lied het lied li:t
liegen liggen lichə
Lilie de lelie le:li:
links links lingß
Liste de lijst läißt
Loch het gat chat
locker los loß
Löffel de lepel le:pəl
Luft de lucht löcht
Lüge de leugen lö:chə
Lust haben zu zin hebben in
sin hebə in
lustig grappig chrapəch

M

machen maken ma:kə;
das macht nichts dat hindert niet dat hindərt ni:t
Mädchen het meisje mäischə
man men men
manchmal soms ßomß
Mann de man man
männlich mannelijk manələk
Marke het merk merk
Markt de markt markt
Maschine de machine
maschi:nə
Maß de maat ma:t
Material het materiaal
matərja:l
Mauer de muur mü:r
Meer de zee se:
mehr meer me:r
mein(e) mijn mən
Meinung de mening me:ning;
meiner ~ nach volgens mij
folchənß mäi
Mensch de mens menß
merken merken merkə
Messer het mes meß
Metall het metaal me:ta:l
Meter de meter me:tər
Miete de huur hü:r
mieten huren hü:rə
minderjährig minderjarig
mindər'ja:rəch
minus minus mi:nöß
Minute de minuut minü:t

mischen **mengen** mengə
Missverständnis **het misverstand** mißfərßtant
mit **met** met
Mitglied **het lid** lit
mitnehmen **meenemen** me:ne:mə
Mittagessen **het middageten** midache:tə
mittags **'s middags** ßmidachß
Mitte **het midden** midə
Mittel **het middel** midəl
Mittwoch **de woensdag** wunsdach
Möbel **het meubel** mö:bəl
Mode **de mode** mo:də
modern **modern** mo:dern
mögen **graag mogen** chra:ch mo:chə; **Ich möchte ...** **Ik wil graag ...** ik wil chra:ch ...
möglich **mogelijk** mo:chələk
Mohn **de papaver** pa'pa:fər
Moment **het moment** mo:ment
Monat **de maand** ma:nt
Mond **de maan** ma:n
Montag **de maandag** ma:ndach
Morgen **de morgen** morchə
morgens **'s morgens** ßmorchəß
Mücke **de mug** möch
müde **moe** mu
Müll **de vuilnis** föjlniß
Mülleimer **de vuilnisemmer** föjlnißemər
Mülltonne **de vuilnisbak** föjlnisbak
Münze **de munt** mönt
müssen **moeten** mutə
Muster **het monster** monßtər
Mutter **de moeder** mudər
Muttersprache **de moedertaal** mudərta:l

N

nach *(zeitlich)* **na** na:; *(räumlich)* **naar** na:r
Nachbar **de buurman** bü:rman; **~in** **de buurvrouw** bü:rfrau
nachdenken **nadenken** na:denkə
nachher **later** la:tər
Nachmittag **de namiddag** na'midach
Nachricht **de boodschap** bo:tßchap
Nachrichten *(Fernsehen)* **het nieuws** ni:uß
nächste(r/s) **volgend(e)** folchənt (folchəndə)
Nacht **de nacht** nacht
nackt **bloot** blo:t
Nadel **de naald** na:lt
Nagel **de spijker** ßpäikər; *(Fingernagel)* **de nagel** na:chəl
nah **dichtbij** dichdbäi
Name **de naam** na:m
Narzisse **de narcis** narßiß

nass nat nat
national nationaal naßjo:na:l
natürlich natuurlijk natü:rlək
neben naast na:ßt
Nebenkosten de bijkomende kosten bäiko:məndə koßtə
nehmen nemen ne:mə
nein nee ne:
Nelke de anjer anjər
nervös nerveus nerfö:ß
nett aardig a:rdəch
neu nieuw ni:u
neugierig nieuwsgierig ni:ußchi:rəch
nicht niet ni:t
Nichtraucher(in) de niet-roker ni:tro:kər
nichts niets ni:tß
nie nooit noit
Niederlande Nederland ne:dərlant
Niederländer de Nederlander ne:dərlandər; **~in** de Nederlandse ne:dərlantßə
niederländisch Nederlands ne:dərlantß; **auf Niederländisch** in het Nederlands in ət ne:dərlantß
niedrig laag la:ch
niemand niemand ni:mant
nirgends nergens nerchəß
noch nog noch; **~ nicht** nog niet noch ni:t
Norden het noorden no:rdə
Nordsee de Noordzee no:rtße:
normal normaal norma:l
Notausgang de nooduitgang no:töjtchang
nötig nodig no:dəch
Notiz de notitie no:'ti:ßi:
Nummer het nummer nömər
nur alleen ale:n
nützlich nuttig nötəch

O

ob of of
oben boven bo:fə
obwohl hoewel hu'wel
oder of of
offen open o:pə
öffentlich openbaar o:pəmba:r
öffnen openen o:pənə
Öffnungszeiten de openingsuren o:pəningßü:rə
oft vaak fa:k
ohne zonder sondər
ökologisch ecologisch e:ko:lo:chiß
Öl de olie o:li:
Onkel de oom o:m
Ordnung de orde ordə
Ort de plaats pla:tß
Osten het oosten o:ßtə
Österreich Oostenrijk o:ßtəräik
Österreicher de Oostenrijker o:ßtəräikər; **~in** de Oostenrijkse o:ßtəräikßə

P

Paar het paar pa:r; **ein paar** een paar ən pa:r
Päckchen het pakje pakjə
Packung de pakking paking
Paket het pakket paket
Papier het papier papi:r
Pappe het karton karton
Park het park park
parken parkeren parke:rə
Partei de partij partäi
Pass het paspoort paßpo:rt
passen passen paßə
Pause de pauze pausə
pensioniert met pensioen met penßjun
Person de persoon pərßo:n
Personalausweis de identiteitskaart identitäitßka:rt
Pfanne de pan pan
Pfarrer *(protestantisch)* de dominee 'do:mine:; *(katholisch)* de pastoor paß'to:r
Pferd het paard pa:rt
Pflaster *(Wundpflaster)* de pleister pläißtər
pflegen verzorgen fərsorchə
Pflicht de plicht plicht
Pförtner(in) de portier por'ti:r
Pfund het pond pont
Plakat het affiche a'fi:schə
Plan het plan plan
Platz *(Sitzplatz)* de plaats pla:tß; *(innerstädtischer)* het plein pläin
plötzlich plotseling plotßəling
plus plus plöß
positiv positief po:siti:f
Postamt het postkantoor poßtkanto:r
Poster de poster po:ßtər
Preis de prijs präiß
preisgünstig voordelig fo:r'de:ləch
Preisliste de prijslijst präißläißt
Presse de pers perß
Prinzip het principe prinßi:pə; **aus ~** uit principe öjt prinßi:pə; **im ~** in principe in prinßi:pə
privat privé pri:fe:
pro per per
probieren *(versuchen)* proberen pro:be:rə; *(kosten)* proeven prufə
Problem het probleem pro:ble:m
Produkt het product pro:dökt
Professor(in) de professor pro:feßor
Profi de prof prof
Programm het programma pro:chrama
Prospekt de folder foldər
prüfen controleren kontro:le:rə
Punkt het punt pönt

pünktlich **stipt** ßtipt
putzen **schoonmaken** ßcho:nma:kə

Q

Qualität **de kwaliteit** kwalitäit
Quelle **de bron** bron
quer **dwars** dwarß
Quittung **de kwitantie** kwi'tanßi:

R

Rad **het wiel** wi:l; **~ fahren** **fietsen** fi:tßə
Radfahrer(in) **de fietser** fi:tßər
Radio **de radio** ra:di:jo:
Rasen **het gazon** cha'son
Rat **het advies** at'fi:s
Rauch **de rook** ro:k
rauchen **roken** ro:kə
Raucher(in) **de roker** ro:kər
Rauschgift **de drugs** drögß
rechnen **rekenen** re:kənə
Rechnung **de rekening** re:kəning
Recht **het recht** recht
rechts **rechts** rechß
Rechtsanwalt **de advocaat** atfo:ka:t
rechtzeitig **op tijd** op täit
reden **spreken** ßpre:kə; *(miteinander)* **praten** pra:tə
Regal **het rek** rek
Regel **de regel** re:chəl; **in der ~** **over het algemeen** o:fər ət alchəme:n
regelmäßig **regelmatig** re:chəl'ma:təch
Region **de streek** ßtre:k
reiben **wrijven** fräifə
reich **rijk** räik
reichen *(anreichen)* **aanreiken** a:nräikə; *(ausreichen)* **voldoende zijn** fol'dundə säin
Reifen **de band** bant
Reihe **de rij** räi; **an der ~** **aan de beurt** a:n də bö:rt
reinigen **reinigen** räinəchə
Reinigungsmittel **het reinigingsmiddel** räinəchingßmidəl
Reise **de reis** räiß
Reiseführer **de reisgids** räißchitß
Reisetasche **de reistas** räißtaß
reklamieren **reclameren** re:klame:rə
Rentner(in) **de gepensioneerde** chəpenßjo:'ne:rdə
Reparatur **de reparatie** re:para:ßi:
reparieren **repareren** re:pare:rə
reservieren **reserveren** re:serfe:rə
Rest **de rest** reßt
retten **redden** redə
Rezept **het recept** re:ßept

richtig juist jöjßt
Richtung de richting richting
riechen ruiken röjkə
Rolltreppe de roltrap roltrap
Rose de roos ro:ß
rückerstatten vergoeden fərchudə
Rucksack de rugzak röchßak
rückwärts achteruit achtə'röjt
rufen roepen rupə
Ruhe de stilte ßtiltə
rund rond ront

S

Saal de zaal sa:l
Sackgasse de doodlopende weg do:tlo:pəndə wech
Safe de kluis klöjß
sagen zeggen ßechə
Saison het seizoen ßäisun
salzig zout saut
Samstag de zaterdag sa:tərdach
Sand het zand sant
satt verzadigd fərsa:dəcht
Satz zin sin
sauber schoon ßcho:n
Säugling de zuigeling söjchəling
Schachtel de doos do:ß
Schaden de schade ßcha:də
Schadenersatz de schadevergoeding ßcha:dəfərchuding
Schalter *(Fahrkarten, Bank usw.)* de balie 'ba:li:; *(elektrisch)* de schakelaar 'ßcha:kəla:r
scharf scherp ßcherp
Schatten de schaduw ßcha:dü:u
schauen kijken käikə
Schaufel de schep ßchep
Schaufenster de etalage e:ta'la:schə
Scheibe *(Fenster)* de ruit röjt; *(Wurst)* de plak plak; *(Brot)* de snede ßne:də
Schere de schaar ßcha:r
schicken sturen ßtü:rə
schieben duwen dü:uə
Schiff het schip ßchip
Schild het bord bort
schimmelig beschimmeld bəßchiməlt
schimpfen schelden ßcheldə
Schirm *(Regenschirm)* de paraplu para'plü:; *(Sonnenschirm)* de parasol para'ßol
Schlaf de slaap ßla:p
schlafen slapen ßla:pə
Schlafsack de slaapzak ßla:pßak
Schlag de slag ßlach
schlank slank ßlank
schlecht slecht ßlecht; **mir ist ~** ik voel me misselijk ik ful mə mißələk
schließen sluiten ßlöjtə
Schließfach de kluis klöjß

schlimm **erg** erch
Schloss *(Gebäude)* **het kasteel** kaß'te:l; *(Tür)* **het slot** ßlot
Schluss **het einde** äində
Schlüssel **de sleutel** ßlö:təl
schmal **nauw** nau
schmecken **smaken** ßma:kə; **es schmeckt** **het smaakt** ət ßma:kt
Schmerz **de pijn** päin
Schmuck **de sieraden** 'ßi:ra:də
schmutzig **vuil** föjl
Schnäppchen **het koopje** ko:pjə
schnarchen **snurken** ßnörkə
schneiden **snijden** ßnäidə
schnell **vlug** flöch
Schnur **het snoer** ßnu:r
Schock **de shock** schok
schon **al** al
schön **mooi** moi
Schrank **de kast** kaßt
schreiben **schrijven** ßchräifə
schreien **schreeuwen** ßchre:uə
Schrift **het schrift** ßchrift
Schritt **de stap** ßtap
Schublade **de la** la:
Schuld **de schuld** ßchölt
Schule **de school** ßcho:l
schützen **beschermen** bəßchermə
schwach **zwak** swak
schwanger **zwanger** swangər
schweigen **zwijgen** swäichə
Schweiz **Zwitserland** switzßərlant
Schweizer **de Zwitser** switßər; **~in** **de Zwitserse** switßərßə
schwer **zwaar** swa:r
Schwester **de zus** söß
schwierig **moeilijk** muilək
Schwimmbad **het zwembad** swembat
schwimmen **zwemmen** swemə
schwül **zwoel** swul
See *(Binnengewässer)* **het meer** me:r; *(Meer)* **de zee** se:
segeln **zeilen** säilə
sehen **zien** si:n
sehr **zeer** se:r
Seife **de zeep** se:p
Seil **het touw** tau
sein **zijn** säin
seit **sinds** ßinß
Seite **de kant** kant
Sekunde **de seconde** ßəkondə
selbst **zelf** self
Selbstbedienung **de zelfbediening** selfbədi:ning
selten **zelden** seldə
Sender **de zender** sendər
Serviette **het servet** ßerfet
setzen **zetten** setə; **sich ~** **gaan zitten** cha:n sitə
Sex **de seks** ßekß
sexuell **seksueel** ßekßü:e:l
sicher **veilig** fäiləch

Sicherheitsnadel de veiligheidsspeld 'fäiləchäitßpelt
sicherlich zeker se:kər
Sicherung de zekering se:kəring
Sicht het zicht sicht
sie *(3. Person sg und pl)* zij säi
Sie *(Höflichkeitsform)* u ü:
Sieg de overwinning o:fərwining
Signal het signaal ßin'ja:l
singen zingen singə
sinnlos zinloos sinlo:ß
sinnvoll zinvol sinfol
Sitz *(Platz)* de zitplaats sitpla:tß
sitzen zitten sitə
so zo so:
Sofa het bankstel bankßtel
sofort meteen me'te:n
sogar zelfs selfß
Sohn de zoon so:n
solch(e) zulk(e) sölk(ə)
sollen moeten mutə
Sonne de zon son
Sonntag de zondag sondach
sparen bezuinigen bəsöjnəchə
Spaß het plezier plə'si:r; **~ haben** plezier hebben plə'si:r hebə
spät laat la:t
später later la:tər
spätestens uiterlijk öjtərlək
spazieren gehen wandelen wandələ
Spiegel de spiegel ßpi:chəl
spielen spelen ßpe:lə
Spielplatz de speeltuin ßpe:ltöjn
Spielzeug het speelgoed ßpe:lchut
Spinne de spin ßpin
Spitze de spits ßpitß; *(Gewebe)* de kant kant
Splitter de splinter ßplintər
Sport de sport ßport
Sprache de taal ta:l
sprechen spreken ßpre:kə
spucken spugen ßpü:chə
spülen spoelen ßpulə; *(Geschirr)* afwassen afwaßə
Staatsangehörigkeit de nationaliteit naßjo:nalitäit
Stadion het stadion ßta:di:jon
Stadt de stad ßtat
Stadtmitte het stadscentrum ßtatßentröm
stark sterk ßterk
Start de start ßtart
statt in plaats van in pla:tß fan
Stau de file fi:lə
Staub het stof ßtof
Steckdose het stopcontact ßtopkontakt
Stecker de stekker ßtekər
stehen staan ßta:n
stehlen stelen ßte:lə
steil steil ßtäil
Stein de steen ßte:n
Stelle de plaats pla:tß

stellen zetten setə
Stellplatz de staanplaats ßta:mpla:tß
Stempel de stempel ßtempəl
sterben overlijden o:fərläidə
Stern de ster ßter
Stift de stift ßtift
Stil de stijl ßtäil
still rustig rößtəch
Stimme de stem ßtem
Stockwerk de verdieping fərdi:ping
Stoff de stof ßtof
stolpern struikelen ßtröjkələ
stolz auf trots op trotß op
Stöpsel de kurk körk
stören storen ßto:rə
Strafe de straf ßtraf
Strand het strand ßtrant
Straße de straat ßtra:t
Straßenbahn de tram trem
Streichhölzer de lucifers lü:ßiferß
Streik de staking ßta:king
streiten ruzie maken 'rüsi: ma:kə
streng streng ßtreng
Stress de stress ßtreß
stricken breien bräiə
Strom de elektriciteit e:lektri:ßitäit
Student de student ßtü:dent; ~in de studente ßtü:dentə
Studentenausweis de studentenkaart ßtü:dentəka:rt
studieren studeren ßtü:de:rə
Stuhl de stoel ßtul
Stunde het uur ü:r
Sturm de storm ßtorm
Sturmwarnung de stormwaarschuwing 'ßtormwa:rßchü:wing
suchen zoeken sukə
Süden het zuiden söjdə
Summe de som ßom
süß zoet sut
sympathisch sympathiek ßimpa'ti:k

T

Tag de dag dach
täglich dagelijks da:chələkß
Tante de tante tantə
Tanz de dans danß
tanzen dansen danßə
Tasche *(Hosentasche)* de broekzak brukßak; *(Handtasche)* het handtasje hantaschə
Taschenlampe de zaklantaarn 'saklanta:rn
Taschenmesser het zakmes sakmeß
Tasse de kop kop
Tastatur het toetsenbord tutßəbort

Tatsache **het feit** fäit
tauschen **ruilen** röjlə
Technik **de techniek** tech'ni:k
Teich **de vijver** fäifər
Teil **het deel** de:l
teilnehmen an **deelnemen aan** de:lne:mə a:n
Telefon **de telefoon** te:ləfo:n
Telefonkarte **de telefoonkaart** te:ləfo:nka:rt
Telefonzelle **de telefooncel** te:ləfo:nßel
Teller **het bord** bort
Termin **de afspraak** afßpra:k
Terrasse **het terras** teraß
teuer **duur** dü:r
Theater **het theater** te:ja:tər
Ticket **het ticket** tikət
tief **diep** di:p
Tier **het dier** di:r
Tisch **de tafel** ta:fəl
Tochter **de dochter** dochtər
Tod **de dood** do:t
tödlich **dodelijk** do:dələk
Toilette **het toilet** twalet
Toilettenpapier **het wc-papier** we:ße:papi:r
toll **leuk** lö:k
Ton **de toon** to:n; *(Lehm)* **de klei** kläi
Topf **de pan** pan
Tor *(Hof, Garten)* **de poort** po:rt; *(Sport)* **het doel** dul
tot **dood** do:t
Tour **de tocht** tocht
Touristeninformation **de VVV** fe:fe:'fe: (B: de toeristische dienst tu:rißtißə di:nßt)
Tradition **de traditie** tradi:ßi:
tragen **dragen** dra:chə
Tragetasche **de draagtas** dra:chtaß
trampen **liften** liftə
transportieren **transporteren** tranßporte:rə
Traum **de droom** dro:m
traurig **treurig** trö:rəch
Treffen **de ontmoeting** ont'muting
Treppe **de trap** trap
treten **trappen** trapə
trinken **drinken** drinkə
Trinkgeld **de fooi** foi
Trinkwasser **het drinkwater** drinkwa:tər
trocken **droog** dro:ch
trocknen **drogen** dro:chə
tropfen **de druppels** dröpəlß
trotzdem **toch** toch
Tschüs! **Dag!** da:ch!
Tube **de tube** tü:bə
Tulpe **de tulp** tölp
tun **doen** dun
Tür **de deur** dö:r
Türklinke **de deurklink** dö:rklink
Turm **de toren** to:rə
Tüte **de zak** sak
typisch **typisch** ti:piß

U

übel misselijk mißələk
üben oefenen ufənə
über over o:fər; *(räumlich)* boven bo:fə; *(Strecke)* via fi:ja
überall overal o:fə'ral
überflüssig overbodig o:fər'bo:dəch
überlegen nadenken na:denkə
übermorgen overmorgen o:fərmorchə
Übernachtung de overnachting o:fərnachting
überqueren oversteken 'o:fərßte:kə
überraschen verrassen fəraßə
übersetzen vertalen fərta:lə
Übersetzung de vertaling fərta:ling
übertreiben overdrijven o:fərdräifə
überzeugen overtuigen o:fərtöjchə
üblich gebruikelijk chəbröjkələk
übrig over o:fər
übrigens trouwens trauənß
Übung de oefening ufəning
Ufer de oever u:fər
Uhr *(Wanduhr)* de klok klok; *(Armbanduhr)* het horloge hor'lo:schə; **Wie viel ~ ist es?** Hoe laat is het? hu la:t iß ət?
um om om
Umgebung de omgeving omche:fing
umgekehrt omgekeerd omchəke:rt
Umschlag omslag omßlach
umsonst gratis chra:tiß; *(vergeblich)* tevergeefs təfər'che:fß
umsteigen overstappen 'o:fərßtapə
umtauschen ruilen röjlə
Umweg de omweg omwech
Umweltschutz de milieubescherming miljö:bəßcherming
umziehen *(Wohnung)* verhuizen fərhöjsə
unabhängig onafhankelijk onafhankələk
unangenehm onaangenaam ona:nchəna:m
unbedingt volstrekt fol'ßtrekt
unbekannt onbekend ombəkent
unbequem ongemakkelijk onchəmakələk
und en en
und so weiter enzovoort enso:'fo:rt
Unfall het ongeluk onchəlök
unfreundlich onvriendelijk on'fri:ndələk
ungefähr ongeveer onchəfe:r

ungemütlich ongezellig onchəseləch
ungewöhnlich ongewoon onchəwo:n
Unglück het ongeluk onchəlök
ungültig ongeldig on'cheldəch
Universität de universiteit ü:niferßitäit
Unkosten de onkosten onkoßtə
unmittelbar onmiddellijk onmidələk
unmöglich onmogelijk onmo:chələk
unnötig onnodig ono:dəch
unschuldig onschuldig on'ßchöldəch
unser(e) ons/onze onß/onsə
unsicher onzeker on'se:kər
unten beneden bə'ne:də
unter beneden bə'ne:də
unterbrechen onderbreken ondərbre:kə
unterbrochen verbroken fərbro:kə
Unterhaltung het gesprek chəßprek
Unterlagen de documenten do:kümentə
Unterschied het verschil fər'ßchil
unterschreiben ondertekenen ondərte:kənə
Unterschrift de handtekening hante:kəning
Untersuchung *(medizinisch)* het onderzoek ondərsuk
unterwegs onderweg ondərwech
unvollständig onvolledig onfo'le:dəch
unwahr onjuist onjöjßt
Urlaub de vakantie fakanßi:; **~ machen** met vakantie zijn met fakanßi: säin
Ursache de reden re:də
USB-Stick de USB-stick ü:eßbe:stik

V

Vater de vader fa:dər
vegan veganistisch fe:chanistiß
Vegetarier(in) de vegetariër fe:chəta:ri:jər
vegetarisch vegetarisch fe:chəta:riß
Verabredung de afspraak afßpra:k
verantwortlich verantwoordelijk fərant'wo:rdələk
Verantwortung de verantwoording fərantwo:rding
Verbandskasten de verbandtrommel fərbantroməl
verbessern verbeteren fərbe:tərə

verbieten verbieden fərbi:də
verbinden verbinden fərbində
verboten verboden fərbo:də
verbrauchen verbruiken fərbröjkə
Verdacht de verdenking fərdenking
verdienen verdienen fərdi:nə
verdorben *(Lebensmittel)* bedorven bədorfə
Verein de vereniging fəre:naching
Vereinbarung de afspraak afßpra:k
Verfallsdatum de vervaldag fərfaldach
Vergangenheit het verleden fər'le:də
vergessen vergeten fərche:tə
vergleichen vergelijken fərchə'läikə
Verhältnis de verhouding fərhauding
verheiratet getrouwd chətraut
verhindern verhinderen fərhindərə
verkaufen verkopen fərko:pə
Verkäufer de verkoper fərko:pər; **~in** de verkoopster fərko:pßtər
Verkehr het verkeer fərke:r
verkehrt fout faut
verlängern verlengen fərlengə
Verlängerungsschnur het verlengsnoer fərlengßnu:r
verletzt gewond chəwont
verlieren verliezen fərli:sə
Verlobte(r) de verloofde fərlo:fdə
verloren verloren fərlo:rə
vermeiden vermijden fərmäidə
vermieten verhuren fərhü:rə
vermissen missen mißə
vermuten vermoeden fərmudə
Verpackung de verpakking fərpakking
verpassen missen mißə
verreisen op reis gaan op räiß cha:n
verrückt gek chek
verschieben *(zeitlich)* uitstellen öjtßtelə
verschieden verschillend fərßchilənt
versichern verzekeren fərse:kərə
Versicherung de verzekering fərse:kəring
Versicherungspolice de verzekeringspolis fərse:kəringßpo:liß
Verspätung de vertraging fərtra:ching
versprechen beloven bəlo:fə
verständlich begrijpelijk bəchräipələk
verstecken verstoppen fərßtopə

verstehen begrijpen bəchräipə
Versuch de poging po:ching
versuchen proberen pro:be:rə
Vertrag het contract kontrakt
Vertrauen het vertrouwen fərtrauə
Vertrieb de verkoop fərko:p
verursachen veroorzaken fəro:rsa:kə
verwandt (sein mit ...) familie (van ... zijn) famili: (fan ... säin)
Verwandte(r) de verwante fərwantə
verwechseln verwisselen fərwißələ
verwitwet *(Frau)* de weduwe we:dü:wə; *(Mann)* de weduwnaar we:dü:una:r
verwöhnen verwennen fərwenə
Verzeihung! Pardon! par'dõ:!
viel veel fe:l; **zu ~** te veel tə fe:l
vielleicht misschien mə'ßchi:n
Viertel *(Stadtviertel)* de wijk wäik
Vierteljahr het kwartaal kwar'ta:l
Viertelstunde het kwartier kwar'ti:r
Visitenkarte het visitekaartje fisi:təka:rtjə
Vogel de vogel fo:chəl
Volk het volk folk
voll vol fol
völlig totaal to:ta:l
volljährig meerderjarig me:rdər'ja:rəch
von van fan; **~ Zeit zu Zeit** af en toe af en tu
vor voor fo:r; **~ allem** vooral fo:'ral; **~ einem Monat** een maand geleden ən ma:nt chəle:də
Voranmeldung de reservering re:serfe:ring
Voraussetzung de voorwaarde 'fo:rwa:rdə
voraussichtlich vermoedelijk fərmudələk
vorbei *(zeitlich)* afgelopen afchəlo:pə; *(räumlich)* langs langß
vorbeigehen langsgaan langßcha:n
Vorfahrt de voorrang fo:rang; **~ gewähren** voorrang verlenen fo:rang fərle:nə
Vorfahrtsstraße de voorrangsweg fo:rangßwech
vorgestern eergisteren e:r'chißtərə
vorhaben van plan zijn fan plan säin
vorhanden aanwezig a:n'we:səch
vorher daarvoor da:rfo:r
vorläufig voorlopig fo:r'lo:pəch

vormittags in de voormiddag in də fo:r'midach
Vorname de voornaam fo:rna:m
vorne voren fo:rə
vornehm deftig deftəch
Vorort de voorstad fo:rßtat
Vorschlag het voorstel 'fo:rßtel
vorschlagen voorstellen 'fo:rßtelə
Vorschrift het voorschrift fo:rßchrift
Vortrag de lezing le:sing
Vorurteil het vooroordeel fo:ro:rde:l
vorwärts vooruit fo:'röjt

W

Waage de weegschaal we:chßcha:l
wach wakker wakər
wachsen groeien chruiə
Wahl de keuze kö:sə
wählen kiezen ki:sə
wahr waar wa:r
während terwijl tər'wäil
Wahrheit de waarheid wa:rhäit
wahrscheinlich waarschijnlijk wa:r'ßchäinlək
Wald het bos boß
Wand de muur mü:r
wann wanneer wane:r
warm warm warm
Warnung de waarschuwing 'wa:rßchü:wing
warten auf wachten op wachtə op
warum waarom wa:rom
was wat wat
Waschbecken de wastafel waßta:fəl
Wäsche de was waß
waschen wassen waßə
Wasser het water wa:tər
WC de wc we:ße:
wechseln wisselen wißələ
wecken wakker maken wakər ma:kə
Wecker de wekker wekər
weder ... noch noch ... noch noch ... noch
weg weg wech
wegen vanwege fan'we:chə
wegfahren wegrijden wechräidə
weggehen weggaan wecha:n
wegnehmen wegnemen wechne:mə
wegschicken wegsturen wechßtü:rə
Wegweiser de wegwijzer wechwäisər
wegwerfen weggooien 'wechoiə
wehtun pijn doen päin dun
weiblich vrouwelijk frauələk
weich zacht sacht
weil omdat om'dat
weinen huilen höjlə

weit **ver** fer
weiter **verder** ferdər
welche **welk(e)** welk(ə)
wenig **weinig** wäinəch;
zu ~ **te weinig** tə wäinəch
wenigstens **tenminste** tən'minßte
wenn *(Bedingung)* **als** alß; *(zeitlich)* **wanneer** wa'ne:r
wer **wie** wi:
Werbung **de reclame** rəkla:mə
werden **worden** wordə
werfen **gooien** choiə
Werk **het werk** werk
Werkstatt **de garage** chara:schə
Wert **de waarde** wa:rdə
wertlos **waardeloos** wa:rdəlo:ß
wertvoll **waardevol** wa:rdəfol
Wespe **de wesp** weßp
Westen **het westen** weßtə
Wetter **het weer** we:r
wichtig **belangrijk** bəlangräik
wickeln *(Baby)* **de luier aandoen** də löjər a:ndun
wie **hoe** hu; *(Vergleich)* **als** alß;
Wie bitte? **Wat zegt u?** wat ßecht ü:? **~ viel** **hoeveel** 'hufe:l
wieder **weer** we:r
wiederholen **herhalen** her'ha:lə
wiederkommen **terugkomen** teröchko:mə
wiedersehen **weerzien** we:rsi:n
Wiese **de wei** wäi
wieso **hoezo** huso:
wir **wij** wäi
wirklich **werkelijk** werkələk
Wirklichkeit **de werkelijkheid** werkələkhäit
Wirkung **de werking** werking
wischen **vegen** fe:chə
wissen **weten** we:tə
Wissenschaft **de wetenschap** we:təßchap
witzig **grappig** chrapəch
wo **waar** wa:r
Woche **de week** we:k
Wochenende **het weekeinde** 'we:käində
woher **waar ... vandaan** wa:r ... fan'da:n
wohin **waarheen** wa:rhe:n
wohnen **wonen** wo:nə
Wohnort **de woonplaats** wo:mpla:tß
Wohnung **de woning** wo:ning
Wolke **de wolk** wolk
wollen **willen** wilə
Wort **het woord** wo:rt
Wörterbuch **het woordenboek** wo:rdəbuk
wünschen **wensen** wenßə
wütend **woedend** wudənt

Z

Zahl *(Ziffer)* **het cijfer** ßäifər; *(Anzahl)* **het getal** chətal
zahlen **afrekenen** afre:kənə

zählen tellen telə
Zeichen het teken te:kə
zeichnen tekenen te:kənə
Zeichnung de tekening te:kəning
zeigen laten zien la:tə si:n
Zeit de tijd täit
Zeitung de krant krant
zentral centraal ßentra:l
zerbrechlich breekbaar bre:kba:r
zerreißen scheuren ßchö:rə
zerstören vernielen fərni:lə
Zertifikat het certificaat ßertifika:t
Zettel het blaadje bla:tjə
Zeuge de getuige chətöjchə
ziehen trekken trekə
Ziel het doel dul
Zigarillo het sigaartje ßicha:rtjə
Zigarre de sigaar ßicha:r
Zimmer de kamer ka:mər
zögern aarzelen 'a:rsələ
zu *(zu viel)* te tə; *(geschlossen)* dicht dicht
zu Hause thuis töjß
zuerst het eerst ət e:rßt
Zufall het toeval tufal
zufällig toevallig tu'faləch
zufrieden tevreden təfre:də
Zugang de ingang inchang
zuhören luisteren naar löjßtərə na:r
Zukunft de toekomst tukomßt
zulässig toegestaan tuchəßta:n
zuletzt tenslotte tən'ßlotə
zum Beispiel bijvoorbeeld bə'fo:rbe:lt
zumachen dichtdoen dichdun
zurück terug təröch
zurückbringen terugbrengen təröchbrengə
zurückgeben teruggeven təröche:fə
zurückkommen terugkomen təröchko:mə
zurücknehmen terugnemen təröchne:mə
zurücktreten *(Posten)* aftreden aftre:də; *(Vertrag)* afzien van afßi:n fan
zusammen samen ßa:mə
Zusammenstoß de botsing botßing
Zusätze de toevoegsels tufuchßəlß
Zuschauer(in) de toeschouwer tußchauər
Zustand de toestand tußtant
zuständig verantwoordelijk fərant'wo:rdələk
Zweck het doel dul
Zweifel de twijfel twäifəl
zwingen dwingen dwingə
zwischen tussen tößə

Niederländisch – Deutsch

In diesem Wörterbuchteil geben wir aus Platzgründen nur bei sächlichen Substantiven, den het-Wörtern, das Genus an, und zwar mit der Abkürzung *n* (für neutrum). Weibliche und männliche Substantive (de-Wörter) werden nicht markiert.

A

aan a:n **an**
aanbetaling a:mbəta:ling **Anzahlung**
aanbevelen a:mbəfe:lə **empfehlen**
aanbieding a:mbi:ding **Angebot**
aangepast aan gehandicapten a:nchəpaßt a:n chəhendikeptə **behindertengerecht**
aankomen a:nko:mə **ankommen**
aanlegplaats a:nlechpla:tß **Anlegestelle**
aanraken a:nra:kə **berühren**
aansluitende vlucht a:nßlöjtəndə flöcht **Anschlussflug**
aansluiting a:nßlöjting **Anschluss**
aansteker a:nßte:kər **Feuerzeug**
aanvullend a:nfölənt **zusätzlich**
aardappelen a:rdapələ **Kartoffeln**
aardbeien a:rdbäijə **Erdbeeren**
aarde a:rdə **Erde**
aardig a:rdəch **nett**
accent *n* akßent **Akzent**
accu akü **Akku**
achter achtər **hinten; hinter**
achternaam achtərna:m **Familienname**
achteruit achtə'röjt **rückwärts**
acteur aktö:r **Schauspieler**
actrice aktri:ßə **Schauspielerin**
adres *n* adreß **Adresse**
advies *n* at'fi:s **Rat**
afdrukken afdrökə **drucken**
affiche *n* a'fi:schə **Plakat**
afgifte van bagage afchiftə fan ba'cha:schə **Gepäckausgabe**
afhalen afha:lə **abholen**
afrekenen afre:kənə **zahlen**
afspraak afßpra:k **Verabredung; Termin**
afstand afßtant **Entfernung**
afstempelen afßtempələ **entwerten**
afwasmiddel *n* afwaßmidəl **Spülmittel**

airconditioning ä:rkondischəning **Klimaanlage**
akkoord ako:rt **einverstanden**
al al **schon**
alcohol alko:hol **Alkohol**
al de al də **alle**
alleen ale:n **allein; nur**
allemaal aləma:l **alles**
alles bij elkaar afrekenen aləß bäi elka:r afre:kənə **zusammen bezahlen**
alstublieft alßtü:'bli:ft **bitte**
altijd altäit **immer**
amandelen amandələ **Mandeln**
ambassade amba'ßa:də **Botschaft** *(diplomatische Vertretung)*
zich amuseren sich amüse:rə **sich amüsieren**
ander(e) andər(ə) **andere**
anders andərß **anders; sonst**
ansichtkaart ansichtka:rt **Ansichtskarte; Postkarte**
antiek anti:k **antik**
antwoord *n* antwo:rt **Antwort**
antwoorden antwo:rdə **antworten**
apart apart **einzeln**
apart afrekenen apart afre:kənə **getrennt bezahlen**
apotheek apote:k **Apotheke**
appel apəl **Apfel**
april april **April**
arresteren areßte:rə **verhaften**
arts artß **Arzt; Ärztin**
asbak asbak **Aschenbecher**
asperge aßperschə **Spargel**
augustus auchößtöß **August**
autopapieren auto:papi:rə **Fahrzeugpapiere**
autosleutel auto:ßlö:təl **Autoschlüssel**
autoveer *n* auto:fe:r **Autofähre**
avond a:fent **Abend**
avondeten *n* a:fənte:tə **Abendessen**
azijn a'säin **Essig**

B

baard ba:rt **Bart**
babyflesje *n* be:bi:fleschə **Babyfläschchen**
bad *n* bat **Bad**
badhokje *n* bathokjə **Umkleidekabine**
badjas batjaß **Bademantel**
badkuip batköjp **Badewanne**
badlaken *n* batla:kə **Badetuch**
badpak *n* batpak **Badeanzug**
badslippers batßlipərß **Badeschuhe**
bagage ba'cha:schə **Gepäck**
bagagedepot *n* ba'cha:schəde:po: **Gepäckaufbewahrung**

bagagedrager ba'cha:schədra:chər **Gepäckträger**
bagagewagen ba'cha:schəwa:chə **Gepäckwagen**
bakkerij bakəräi **Bäckerei**
bal bal **Ball**
balie ba:li: **Schalter**
balpen balpen **Kugelschreiber**
banaan bana:n **Banane**
band bant **Reifen**
bandenpech bandəpech **Reifenpanne**
bandenspanning bandəßpaning **Reifendruck**
bank bank **Bank**
bankpasje *n* bankpaschə **Debitkarte**
banketbakkerij bankedbakəräi **Konditorei**
bar ba:r **Bar; Theke**
batterij batəräi **Batterie**
bed *n* bet **Bett**
beddendeken 'bedə'de:kə **Bettdecke**
bedlinnen *n* betlinə **Bettwäsche**
bedrag *n* bədrach **Betrag**
bedrijfsleider bədräifsläidər **Geschäftsführer(in)**
beëindigen bə-äindəchə **beenden**
beeld *n* be:lt **Bild**
been *n* be:n **Bein**
begane grond bə'cha:nə chront **Erdgeschoss**
begeleider bəchəläidər **Begleitperson**
begin *n* bəchin **Anfang; Beginn**
beginner bəchinər **Anfänger**
begrijpelijk bəchräipələk **verständlich**
begrijpen bəchräipə **verstehen**
beide(n) bäidə **beide**
bekend bəkent **bekannt**
beker be:kər **Becher**
zich beklagen sich bəkla:chə **sich beschweren**
bel bel **Klingel**
belangrijk bəlangräik **wichtig**
beleefd bəle:ft **höflich**
bellen belə **anrufen; klingeln; telefonieren**
beloven bəlo:fə **versprechen**
beneden bə'ne:də **unten; unter**
benzine bensi:nə **Benzin**
benzinepomp bensi:nəpomp **Tankstelle**
beroemd bərumt **berühmt**
beroep *n* bərup **Beruf**
beschermingsfactor bəßchermingßfaktor **Lichtschutzfaktor**
beschermingsmiddel tegen muggen *n* bəßchermingßmidəl te:chə möchə **Mückenschutz**

beschuit bəßchöjt **Zwieback**
besmettelijk bəßmetələk **ansteckend A**
bestelling bəßteling **Bestellung**
betalen bəta:lə **bezahlen**
beter be:tər **besser**
beugel bö:chəl **Zahnspange**
bevallen bəfalə **gefallen**
bevatten bəfatə **enthalten**
zich bewegen sich bəwe:chə **sich bewegen**
bewijs *n* bəwäiß **Beweis; Bescheinigung**
bewolkt bəwolkt **bewölkt**
bezem be:səm **Besen**
bezet bəset **besetzt**
bezichtiging bəsichtəching **Besichtigung**
bezienswaardigheden bəsi:nßwa:rdəche:də **Sehenswürdigkeiten**
bezoeken bəsukə **besichtigen; besuchen**
bieslook *n* bi:ßlo:k **Schnittlauch**
bijgerecht *n* bäichərecht **Beilage**
bijna bäina: **fast**
bijten bäitə **beißen**
binnen binə **drinnen; innerhalb; innen**
binnenband binəbant **Schlauch** *(Reifen)*
binnenstad binəßtat **Innenstadt**
bioscoop bi:joßko:p **Kino**
blaadje *n* bla:tjə **Zettel**
blad *n* blat **Blatt**
blauw blau **blau**
bleek ble:k **blass**
blijven bläifə **bleiben**
blik *n* blik **Dose**
blikopener bliko:pənər **Dosenöffner**
bloed *n* blut **Blut**
bloedneus blutnö:ß **Nasenbluten**
bloem blum **Blume**
bloemenwinkel bluməwinkəl **Blumengeschäft**
bloes bluß **Bluse**
bloot blo:t **nackt**
bocht bocht **Kurve**
boei bui **Boje**
boek *n* buk **Buch**
boeken bukə **buchen**
boekhandel bukhandəl **Buchhandlung**
boer bu:r **Bauer**
boerderij bu:rdə'räi **Bauernhof**
bont bont **bunt**
boodschap bo:tßchap **Nachricht**
boodschappen doen bo:tßchapə dun **einkaufen**
boom bo:m **Baum**
bootverhuring bo:tfərhü:ring **Bootsverleih**
bord *n* bort **Schild; Teller**

borg borch **Kaution**
borst borßt **Brust**
borstel borßtəl **Bürste**
bos *n* boß **Wald**
bot *n* bot **Knochen**
botanische tuin bo:ta:nißə töjn **Botanischer Garten**
boter bo:tər **Butter**
botsing botßing **Zusammenstoß**
bouwen bauwən **bauen**
boven bo:fə **oben**
brandblusser brandblößər **Feuerlöscher**
branden brandə **brennen**
breed bre:t **breit**
breekbaar bre:kba:r **zerbrechlich**
breien bräiə **stricken**
brievenbus bri:fəböß **Briefkasten**
bril bril **Brille**
broche brosch **Brosche**
broek bruk **Hose**
broer bru:r **Bruder**
broer en zus bru:r en söß **Geschwister**
bron bron **Brunnen; Quelle**
brood *n* bro:t **Brot**
broodje *n* bro:tjə **Brötchen**
brug bröch **Brücke**
bruin bröjn **braun**
btw be:te:'we: **Mehrwertsteuer**
bubbelbad *n* böbəlbat **Whirlpool**
buik böjk **Bauch**
buiten böjtə **außen; außerhalb; draußen**
buitenlander böjtəlandər **Ausländer**
bumper bömpər **Stoßstange**
burcht börcht **Burg**
bureau voor gevonden voorwerpen *n* bü:ro: fo:r chə'fondə 'fo:rwerpə **Fundbüro**
busstation *n* bößtaßjon **Busbahnhof**
buurman bü:rman **Nachbar**
buurvrouw bü:rfrau **Nachbarin**

C

cacao kakau **Kakao**
cadeau *n* ka'do: **Geschenk**
café *n* kafe: **Kneipe**
camper kempər **Wohnmobil**
caravan kerəfen **Wohnwagen**
catalogus ka'ta:lochöß **Katalog**
centraal ßentra:l **zentral**
certificaat *n* ßertifika:t **Zertifikat**
chauffeur scho:fö:r **Fahrer**
chocola scho:ko:la: **Schokolade**
cigaretten ßicha:retə **Zigaretten**
circus *n* ßirköß **Zirkus**
citroen ßitrun **Zitrone**

claxon klak'ßon **Hupe**
collectie kolekßi: **Sammlung**
condoom *n* kondo:m **Kondom**
conducteur kondök'tö:r **Schaffner**
conferentie konfərenßi: **Konferenz**
contant kon'tant **bar**
contract *n* kontrakt **Vertrag**
controleren kontro:le:rə **prüfen**
coupé ku'pe: **Abteil**
courgette kur'schet **Zucchini**
couvert *n* ku'fä:r **Gedeck**
creditcard kreditka:rt **Kreditkarte**

D

daar da:r **dort**
daarna da:rna: **danach**
daarvoor da:rfo:r **vorher**
dag dach **Tag**
dagelijks da:chələkß **täglich**
dak *n* dak **Dach**
dame da:mə **Dame**
dank u wel dank ü: wel **danke**
dansen danßə **tanzen**
december de:ßembər **Dezember**
declareren de:kla:re:rə **verzollen**
deegwaren de:chwa:rə **Nudeln**
deel *n* de:l **Teil**
dek *n* dek **Deck**
de deken de:kə **Decke**
delicatessenzaak de:likateßəsa:k **Feinkostgeschäft**
desinfecterend middel *n* de:sinfekte:rənt midəl **Desinfektionsmittel**
detective di'tektif **Krimi**
deur dö:r **Tür**
diarree di:ja're: **Durchfall**
dichtdoen dichdun **zumachen**
dieet *n* di:je:t **Diät**
dieetkost di:je:tkoßt **Schonkost**
dief di:f **Dieb**
dienstregeling di:nßtre:chəling **Fahrplan**
diep di:p **tief**
dier *n* di:r **Tier**
dierenarts di:rənartß **Tierarzt**
dierentuin di:rətöjn **Zoo**
dik dik **dick**
dinsdag dinsdach **Dienstag**
dochter dochtər **Tochter**
doel *n* dul **Ziel; Zweck**
doelman dulman **Torwart**
doen dun **tun**
dom dom **Dom**
dom dom **dumm**
dompelaar dompəla:r **Tauchsieder**
donder dondər **Donner**

donderdag dondərdach **Donnerstag**
donker donkər **dunkel**
dood do:t **tot**
doodlopende weg do:tlo:pəndə wech **Sackgasse**
doopsel *n* do:pßəl **Taufe**
door do:r **durch**
doorgang do:rchang **Durchgang**
doos do:ß **Dose; Schachtel**
dorp *n* dorp **Dorf**
dorst dorßt **Durst**
dorst hebben dorßt hebə **durstig sein**
douane du'a:nə **Zoll**
douche dusch **Dusche**
douchegel *n* duschdschel **Duschgel**
draad dra:t **Draht**
dragen dra:chə **tragen**
drank drank **Getränk**
drinken drinkə **trinken**
drinkwater *n* drinkwa:tər **Trinkwasser**
drogen dro:chə **trocknen**
drogisterij drochißtə'räi **Drogerie**
dromen dro:mə **träumen**
dronken dronkə **betrunken**
droog dro:ch **trocken**
droogtrommel dro:chtroməl **Wäschetrockner**
droom dro:m **Traum**
druif dröjf **Weintrauben**
drukken drökə **drücken**
druppel dröpəl **Tropfen**
druppelen dröpələ **tropfen**
duidelijk döjdələk **deutlich**
duiken döjkə **tauchen**
duin *n* döjn **Düne**
Duits döjtß **deutsch**
Duitsland döjtßlant **Deutschland**
dun dön **dünn**
duren dü:rə **dauern**
duur dü:r **teuer**
duwen dü:uə **schieben**
dwars dwarß **quer**
dweil dwäil **Wischlappen**

E

eb ep **Ebbe**
echtpaar *n* echtpa:r **Ehepaar**
ecologisch e:ko:lo:chiß **ökologisch**
een paar ən pa:r **ein paar**
éénmaal e:nma:l **einmal**
eenpersoonsbed *n* e:npərßo:nsbet **Einzelbett**
eenrichtingsverkeer *n* e:nrichtingßfərke:r **Einbahnstraße**
eenvoudig e:n'faudəch **einfach**
eergisteren e:r'chißtərə **vorgestern**

eerst ət e:rßt **erst**
eetzaal e:tßa:l **Speisesaal**
eeuw e:u **Jahrhundert**
eiland *n* äilant **Insel**
einde *n* äində **Ende; Schluss**
eindelijk äindələk **endlich**
eindschoonmaak äintßcho:nma:k **Endreinigung**
eindstation *n* äintßtaßjon **Endstation**
electrische tandenborstel e:lektrißə tandəborßtəl **elektrische Zahnbürste**
elektriciteit e:lektri:ßitäit **Strom**
elkaar ontmoeten elka:r ontmutə **sich treffen**
emmer emər **Eimer**
en en **und**
enkel enkəl **Knöchel**
entreekaartje *n* ã:tre:ka:rtjə **Eintrittskarte**
envelop ãfəlop **Briefumschlag**
erg erch **schlimm; sehr**
ernstig ernßtəch **ernst**
ertegen erte:chə **dagegen**
erwten ertə **Erbsen**
etalage e:ta'la:schə **Schaufenster**
eten e:tə **essen; Essen**
examen *n* ekßa:mə **Prüfung; Examen**

F

fabriek fabri:k **Fabrik**
fauteuil fo:'töj **Sessel**
februari fe:brü:'wa:ri **Februar**
feestdag fe:sdach **Feiertag**
feliciteren fe:li:ßi:te:rə **gratulieren**
fiets fi:tß **Fahrrad**
fietskaart fi:tßka:rt **Radtourenkarte**
fietsmandje *n* fi:tßmantjə **Fahrradkorb**
fietspad *n* fi:tßpat **Radweg**
fietspomp fi:tßpomp **Luftpumpe**
file fi:lə **Stau**
fles fleß **Flasche**
flesopener fleßo:pənər **Flaschenöffner**
flits flitß **Blitz**
flosdraad flosdra:t **Zahnseide**
föhn fö:n **Föhn**
folder foldər **Prospekt**
fooi foi **Trinkgeld**
fopspeen 'fopßpe:n **Schnuller**
formulier *n* formü:li:r **Formular**
fornuis *n* for'nöjß **Herd**
fotograferen fo:to:chrafe:rə **fotografieren**
fout faut **Fehler; verkehrt**
frambozen fram'bo:sə **Himbeeren**
fruit *n* fröjt **Obst**

G

gaan cha:n **gehen**
gaan dansen cha:n danßə **tanzen gehen**
gaan zitten cha:n sitə **sich setzen**
garen *n* cha:rə **Garn**
garage chara:schə **Garage; Werkstatt**
garderobe chardərɔ:bə **Garderobe**
gasstel *n* chaßtel **Gaskocher**
gat *n* chat **Loch**
gazon *n* cha'son **Rasen**
gebak *n* chəbak **Gebäck; Kuchen**
gebergte *n* chəberchtə **Gebirge**
gebit *n* chəbit **Gebiss**
gebouw *n* chəbau **Gebäude**
gebroken chəbro:kə **gebrochen**
gebruik *n* chəbröjk **Sitte**
gebruikelijk chəbröjkələk **üblich**
gebruiken chəbröjkə **benutzen**
gebruikersnaam chəbröjkəerßna:m **Benutzername**
geel che:l **gelb**
gehakt *n* chəhakt **Hackfleisch**
geheugenkaart chə'höchəka:rt **Speicherkarte**
geheugenkaartlezer chə'höchəka:rtle:sər **Speicherkartenlesegerät**
gekruid chəkröjt **gewürzt**
gel *n* dschel **Gel**
geld *n* chelt **Geld**
geldig cheldəch **gültig**
gelijk chəläik **gleich**
gelijkvloers chəläikflu:rß **ebenerdig**
geloven chəlo:fə **glauben**
geluid *n* chəlöjt **Geräusch**
geluk *n* chəlök **Glück**
gelukkig chəlökəch **glücklich**
gemeenschappelijk chəme:n'ßchapələk **gemeinsam**
genieten van chəni:tə fan **genießen**
genoeg chənuch **genug**
geopend chə-o:pənt **geöffnet**
gerecht *n* chərecht **Gericht**
gereed chəre:t **bereit**
gereedschap *n* chəre:tßchap **Werkzeug**
gereserveerd chəre:serfe:rt **reserviert**
gescheiden chəßchäidə **geschieden**
geschiedenis chəßchi:dəniß **Geschichte**
gesloten chəßlo:tə **geschlossen**
gesprek *n* chəßprek **Gespräch**
getrouwd chətraut **verheiratet**
getuige chətöjchə **Zeuge**
geur chö:r **Geruch**
gevaarlijk chəfa:rlək **gefährlich**

gevarendriehoek chəfa:rədri:huk **Warndreieck**
geven che:fə **geben**
gevogelte *n* chəfo:chəltə **Geflügel**
gezellig chəseləch **gemütlich**
gezicht *n* chəsicht **Gesicht**
gezin *n* chəsin **Familie**
gezond chəsont **gesund**
giftig chiftəch **giftig**
gisteren chißtərə **gestern**
glad chlat **glatt**
glimlachen chlimlachə **lächeln**
gloeilamp chluilamp **Glühbirne**
godsdienst chotsdi:nßt **Religion**
goed chut **gut**
Goede Vrijdag chudə fräidach **Karfreitag**
goedkoop chutko:p **billig**
golf cholf **Welle; Golf**
golfslagbad *n* cholfßlachbat **Wellenbad**
golfterrein *n* cholfteräin **Golfplatz**
goud *n* chaut **Gold**
gouden chaudə **golden**
graad chra:t **Grad**
graag chra:ch **gern**
graag mogen chra:ch mo:chə **mögen**
graat chra:t **Gräte**
graf *n* chraf **Grab**
grappig chrapəch **lustig**
gras *n* chraß **Gras**
grens chrenß **Grenze**
griep chri:p **Grippe**
grijs chräiß **grau**
groeien chruiə **wachsen**
groen chrun **grün**
groente chruntə **Gemüse**
groep chrup **Gruppe**
grond chront **Boden; Grund**
groot chro:t **groß**
grootouders chro:taudərß **Großeltern**
grootte chro:tə **Größe**
grot chrot **Höhle**
groter chro:tər **größer**
gsm che:eßem **Handy**
gum(metje) *n* chöm(ətjə) **Radiergummi**
gymschoenen chimßchunə **Turnschuhe**
gynaecoloog chine:ko:lo:ch **Frauenarzt**

H

haar ha:r **Haar**
haarspeld ha:rßpelt **Haarspange**
halen ha:lə **holen**
half half **halb**
halsdoek halsduk **Halstuch**
halte haltə **Haltestelle**
hamer ha:mər **Hammer**
handbagage 'handbacha:schə **Handgepäck**

handdoek handuk **Handtuch**
handgemaakt hantchəma:kt **handgemacht**
handrem hantrem **Handbremse**
handschoenen hantßchunə **Handschuhe**
handtas hantaß **Handtasche**
handtekening hante:kəning **Unterschrift**
handwerk *n* hantwerk **Handarbeit**
hard hart **hart**
hart *n* hart **Herz**
haven ha:fə **Hafen**
hebben hebə **haben**
heel he:l **ganz**
heer he:r **Herr**
heet he:t **heiß**
helaas he:'la:ß **leider**
helder heldər **klar; heiter**
helft helft **Hälfte**
helpen helpə **helfen**
hemel he:məl **Himmel**
herfst herfßt **Herbst**
herhalen her'ha:lə **wiederholen**
concert *n* konßert **Konzert**
heten he:tə **heißen**
hetzelfde ətßelfdə **dasselbe**
heup hö:p **Hüfte**
hiel hi:l **Ferse**
hier hi:r **hier**
hij häi **er**
hitte hitə **Hitze**
hoe hu **wie**
hoed hut **Hut**
hoek huk **Ecke**
hoest hußt **Husten**
hoestdrank husdrank **Hustensaft**
hoewel hu'wel **obwohl**
hond hont **Hund**
honger hongər **Hunger**
honger hebben hongər hebə **hungrig sein**
honing ho:ning **Honig**
hoofd *n* ho:ft **Kopf**
hoofdgerecht *n* ho:ftchərecht **Hauptgericht**
hoofdkussen *n* ho:ftkößə **Kopfkissen**
hoofdseizoen *n* ho:ftßäisun **Hauptsaison**
hoofdstad ho:ftßtat **Hauptstadt**
hoog ho:ch **hoch**
hoogstens ho:chßtənß **höchstens**
hoogte ho:chtə **Höhe**
hooikoorts hoiko:rtß **Heuschnupfen**
hopelijk ho:pələk **hoffentlich**
horen ho:rə **hören**
horloge *n* horlo:schə **Uhr**
houden haudə **halten; behalten**
houden van haudə fan **lieben**
hout *n* haut **Holz**

houtskool hautßko:l **Grillkohle**
huid höjt **Haut**
huidarts höjtartß **Hautarzt**
huilen höjlə **weinen**
huis *n* höjß **Haus**
huisdier *n* höjsdi:r **Haustier**
huisvrouw höjßfrau **Hausfrau**
hulp hölp **Hilfe**
huren hü:rə **leihen; mieten**
hut höt **Hütte**
huur hü:r **Leihgebühr; Miete**

I

identiteitskaart identitäitßka:rt **Ausweis; Personalausweis**
iemand i:mant **jemand**
iets i:tß **etwas**
ijs *n* äiß **Eis**
ik ik **ich**
in in **in**
inbegrepen imbəchre:pə **inbegriffen**
in de namiddag in də na'midach **nachmittags**
in de voormiddag in də fo:r'midach **vormittags**
inentingsbewijs *n* inentingsbəwäiß **Impfpass**
infectie in'fekßi: **Infektion**
informatie informa:ßi: **Auskunft; Information**
ingang inchang **Eingang**
inpakken impakə **einpacken**
in plaats van in pla:tß fan **anstatt; statt**
insectenbeet inßektəbe:t **Insektenstich**
instapkaart inßtapka:rt **Bordkarte**
instappen inßtapə **einsteigen**
internetaansluiting də intərneta:nßlöjting **Internetanschluss**
in totaal in to:ta:l **insgesamt**
invitatie infi:ta:ßi: **Einladung**
isolatiemat isola:ßi:mat **Isomatte**

J

ja ja: **ja**
jaar *n* ja:r **Jahr**
jacht *n* jacht **Jagd; Yacht**
jam schem **Marmelade**
januari janü:'wa:ri **Januar**
jas jaß **Mantel**
jasje *n* jaschə **Jacke**
je jə **du**
jeugdherberg jö:chtherberch **Jugendherberge**
jong jong **jung**
jongen jongə **Junge**
juist jöjßt **richtig**
juli jü:li **Juli**
juni jü:ni **Juni**
jurk jörək **Kleid**

K

kaarsen ka:rßə **Kerzen**
kaart ka:rt **Karte**
kaartje *n* ka:rtjə **Fahrkarte**
kaas ka:ß **Käse**
kalender kalendər **Kalender**
kalfsvlees *n* kalfßfle:ß **Kalbfleisch**
kam kam **Kamm**
kamer ka:mər **Zimmer**
het kampeerterrein kam'pe:rteräin **Campingplatz**
kamperen kampe:rə **zelten**
kano ka:no: **Kanu**
kant kant **Seite**
kantoor *n* kanto:r **Büro**
kapel kapel **Kapelle**
kapitein kapitäin **Kapitän**
kapot kapot **kaputt**
kapper kapər **Friseur**
kapsel *n* kapßəl **Frisur**
kasjmier *n* kaschmi:r **Kaschmir**
kassa kaßa **Kasse**
kast kaßt **Schrank**
kasteel *n* kaßte:l **Schloss** *(Gebäude)*
kat kat **Katze**
katholiek kato:'li:k **katholisch**
katoen *n* ka'tun **Baumwolle**
keelpastilles ke:lpaßti:jəß **Halsschmerztabletten**
kegelen ke:chələ **kegeln**
keramiek ke:ra'mi:k **Keramik**
kerk kerk **Kirche**
kerkdienst kerkdi:nßt **Gottesdienst**
kerkhof *n* kerkhof **Friedhof**
kerktoren kerkto:rə **Kirchturm**
kersen kerßə **Kirschen**
Kerstmis kerßmiß **Weihnachten**
ketting keting **Kette**
keuken kö:kə **Küche**
keukenrol kö:kərol **Küchenrolle**
keuze kö:sə **Wahl; Auswahl**
kiezen ki:sə **wählen**
kijken käikə **schauen**
kind *n* kint **Kind**
kinderarts kindərartß **Kinderarzt**
kinderbed *n* kindərbet **Kinderbett**
kinderportie kindərporßi: **Kinderteller**
kinderzitje *n* kindərsitjə **Kindersitz**
kip kip **Hähnchen**
klaar kla:r **fertig**
klacht klacht **Beanstandung**
klant klant **Kunde**
klas klaß **Klasse**
kleerhanger kle:rhangər **Kleiderbügel**
kleur klö:r **Farbe**
klimaat *n* kli'ma:t **Klima**
klimmen klimə **klettern**
klok klok **Glocke**
klooster *n* klo:ßtər **Kloster**
kloppen klopə **klopfen**

kluis klöjß **Schließfach; Safe**
kneuzing knö:sing **Prellung**
kno-arts ka:-eno:-artß **Hals-Nasen-Ohren-Arzt**
knoflook knoflo:k **Knoblauch**
knop knop **Knopf**
koe ku **Kuh**
koekjes kukjəß **Kekse**
koel kul **kühl**
koelkast kulkaßt **Kühlschrank**
koeltas kultaß **Kühltasche**
koers ku:rß **Kurs**
koffie kofi: **Kaffee**
koffiezetapparaat *n* 'kofi:setapara:t **Kaffeemaschine**
koken ko:kə **kochen**
komen ko:mə **kommen**
komen uit ko:mə öjt **kommen aus**
koor *n* ko:r **Chor**
koorts ko:rtß **Fieber**
koortsthermometer ko:rtßtermo:me:tər **Fieberthermometer**
kop kop **Tasse**
kopen ko:pə **kaufen**
koptelefoon kopte:ləfo:n **Kopfhörer**
kort kort **kurz**
korting korting **Ermäßigung; Preisermäßigung**
koud kaut **kalt**
koude rillingen kaudə rilingə **Schüttelfrost**
koud hebben kaut hebə **frieren**
kousen kaußə **Strümpfe**
kraan kra:n **Wasserhahn**
krachtig krachtəch **kräftig**
kramp kramp **Krampf**
krant krant **Zeitung**
krijgen kräichə **bekommen**
krik krik **Wagenheber**
kring kring **Kreis**
kruiden kröjdə **Gewürze; Kräuter**
kruidenier kröjdə'ni:r **Lebensmittelgeschäft**
kruidenthee kröjdəte: **Kräutertee**
kruisvaart kröjßfa:rt **Kreuzfahrt**
kruk krök **Krücke**
krullen krölə **Locken**
kunnen könə **können**
kunstambacht *n* könßtambacht **Kunsthandwerk**
kurketrekker körkətrekər **Korkenzieher**
kussen *n* kößə **Kissen**
kussen kößə **küssen**
kust kößt **Küste**
kwal kwal **Qualle**
kwaliteit kwalitäit **Qualität**
kwark kwark **Quark**
kwartier *n* kwar'ti:r **Viertelstunde**
kwitantie kwi'tanßi: **Quittung**

L

laag la:ch **niedrig**
laarzen la:rsə **Stiefel**
laat la:t **spät**
lamp lamp **Lampe**
lamsvlees *n* lamßfle:ß **Lammfleisch**
land *n* lant **Land**
landen landə **landen**
landschap *n* lantßchap **Landschaft**
langzaam langsa:m **langsam**
lastigvallen laßtəchfalə **belästigen**
laten zien la:tə si:n **zeigen**
later la:tər **nachher; später**
lawaai *n* la'wai **Lärm; Krach**
leeftijd le:ftäit **Alter**
leeg le:ch **leer**
leggen lechə **legen**
lelijk le:lək **hässlich**
lengte lengtə **Länge**
lente lentə **Frühling**
lepel le:pəl **Löffel**
leren le:rə **lernen**
leugen lö:chə **Lüge**
leuk lö:k **toll**
leven le:fə **leben**
lever le:fər **Leber**
lezen le:sə **lesen**
lezing le:sing **Vortrag**
licentie li:ßenßi: **Lizenz**
lichaam *n* 'licha:m **Körper**
licht *n* licht **Licht**
licht licht **hell; leicht**
lichtblauw lichdblau **hellblau**
lid *n* lit **Mitglied**
liegen li:chə **lügen**
lift lift **Aufzug; Fahrstuhl**
liften liftə **trampen**
ligrijtuig *n* 'lichräitöjch **Liegewagen**
ligstoel lichßtul **Liegestuhl**
lijst läißt **Liste**
linnen *n* linə **Leinen**
long long **Lunge**
longontsteking long-ontßte:king **Lungenentzündung**
lopen lo:pə **laufen**
lucht löcht **Luft**
luchtbed *n* löchdbet **Luftmatratze**
luchthaven löchtha:fə **Flughafen**
luchthavenbus löchtha:fəböß **Flughafenbus**
lucifers lü:ßiferß **Streichhölzer**
luid löjt **laut**
luisteren naar löjßtərə na:r **zuhören**

M

maag ma:ch **Magen**
maagpijn ma:chpäin **Magenschmerzen**
maagzuur *n* ma:chßü:r **Sodbrennen**

maan ma:n **Mond**
maand ma:nt **Monat**
maandag ma:ndach **Montag**
maar ma:r **aber**
maart ma:rt **März**
maat ma:t **Maß**
machine maschi:nə **Maschine**
mager ma:chər **mager**
maïs majß **Mais**
maken ma:kə **machen; herstellen**
(ge)makkelijk (chə)makələk **bequem**
man man **Mann; Ehemann**
mand mant **Korb**
mannelijk manələk **männlich**
markthal markthal **Markthalle**
marmer *n* marmər **Marmor**
massage maßa:schə **Massage**
materiaal *n* matərja:l **Material**
matras matraß **Matratze**
meenemen me:ne:mə **mitnehmen**
meer *n* me:r **See**
meer me:r **mehr**
meerderjarig me:rdər'ja:rəch **volljährig**
mei mäi **Mai**
meisje *n* mäischə **Mädchen**
melk melk **Milch**
men men **man**
mengen mengə **mischen**
mening me:ning **Meinung**
mens menß **Mensch**
mensen menßə **Leute**
menu *n* mənü: **Menü**
merk *n* merk **Marke**
mes *n* meß **Messer**
met met **mit**
metaal *n* me:ta:l **Metall**
meteen me'te:n **sofort**
meter me:tər **Meter**
meubel *n* mö:bəl **Möbel**
mevrouw məfrau **Frau** *(Anrede)*
microvezel mi:kro:fe:səl **Mikrofaser**
middageten *n* midache:tə **Mittagessen**
middel *n* midəl **Mittel**
midden *n* midə **Mitte**
migraine michrä:nə **Migräne**
milieubescherming miljö:bəßcherming **Umweltschutz**
minderjarig mindər'ja:rəch **minderjährig**
minuut minü:t **Minute**
misschien mə'ßchi:n **vielleicht**
misselijkheid mißələkhäit **Übelkeit**
missen mißə **vermissen; fehlen**
mist mißt **Nebel**
misverstand *n* mißfərßtant **Missverständnis**
moe mu **müde**
moeder mudər **Mutter**

moedertaal mudərta:l Muttersprache
moeilijk muilək schwierig
moeite muitə Mühe
moeten mutə müssen; sollen
mogelijk mo:chələk möglich
mogelijkheid mo:chələkhäit Möglichkeit
mogen mo:chə mögen; dürfen
mond mont Mund
monster *n* monßtər Muster
monument *n* mo:nü:ment Denkmal
mooi moi hübsch; schön
morgen morchə Morgen
morgen morchə morgen
mosterd moßtərt Senf
de motor mo:tər Motor
motor mo:tər Motorrad
motorkap mo:tərkap Motorhaube
motregen motre:chə Nieselregen
mug möch Mücke
munt mönt Münze
muskietenkaars müßki:təka:rß Moskitospirale
muskietennet *n* müßki:tənet Moskitonetz
muts mötß Mütze
muur mü:r Mauer; Wand
muziek mü:si:k Musik
muziekwinkel mü:si:kwinkəl Musikgeschäft

N

naaktstrand *n* na:ktßtrant FKK-Strand
naald na:lt Nadel
naaigaren *n* naicha:rə Nähgarn
naainaald naina:lt Nähnadel
naam na:m Name
naast na:ßt neben
nacht nacht Nacht
nadenken na:denkə überlegen
nagelborstel na:chəlborßtəl Nagelbürste
nagelschaartje *n* na:chəlßcha:rtjə Nagelschere
nagelvijl na:chəlfäil Nagelfeile
nagerecht *n* na:chərecht Nachtisch
nakijken na:käikə nachsehen
namiddag na'midach Nachmittag; in de namiddag in də na'midach nachmittags
naseizoen *n* na:ßäisun Nachsaison
nat nat nass
nationaliteit naßjo:nalitäit Staatsangehörigkeit
natuurlijk natü:rlək natürlich
natuurreservaat *n* natü:re:serfa:t Naturschutzgebiet
natuurvezel natü:rfe:səl Naturfaser

natuurwinkel natü:rwinkəl **Bioladen**
nauw nau **eng; schmal**
navigatiesysteem *n* nafi'cha:ßi:ßißte:m **Navigationsgerät; Navigationssystem**
nee ne: **nein**
negatief ne:chati:f **negativ**
nek nek **Nacken**
nemen ne:mə **nehmen**
nergens nerchəß **nirgends**
nerveus nerfö:ß **nervös**
net *n* net **Netz**
neus nö:ß **Nase**
neutraal nö:tra:l **neutral**
nier ni:r **Niere**
niet ni:t **nicht**
niets ni:tß **nichts**
niet-zwemmer ni:tßwemər **Nichtschwimmer**
nieuw ni:u **neu**
nieuwjaar *n* ni:u'ja:r **Neujahr**
nieuwsgierig ni:ußchi:rəch **neugierig**
nodig no:dəch **nötig**
nodig hebben no:dəch hebə **brauchen**
nog noch **noch**
nooduitgang no:töjtchang **Notausgang**
noodweer *n* no:twe:r **Unwetter**
nooit noit **nie**
noorden *n* no:rdə **Norden**
normaal norma:l **normal**
november no:fembər **November**
nu nü: **jetzt; nun**
nuttig nötəch **nützlich**

O

ober o:bər **Kellner**
oefenen ufənə **üben**
oefening ufəning **Übung**
oever u:fər **Ufer**
of of **oder; ob**
oktober okto:bər **Oktober**
olie o:li: **Öl**
olijfolie o:läifo:li: **Olivenöl**
olijven o:läifə **Oliven**
om om **um**
omdat om'dat **weil**
omgeving omche:fing **Umgebung**
om het uur om ət ü:r **stündlich**
omweg omwech **Umweg**
onaangenaam ona:nchəna:m **unangenehm**
onderbreken ondərbre:kə **unterbrechen**
ondergoed *n* ondərchut **Unterwäsche**
ondertekenen ondərte:kənə **unterschreiben**
onderweg ondərwech **unterwegs**
ongehuwd onchəhü:ut **ledig**
ongeldig on'cheldəch **ungültig**

ongeluk *n* onchəlök **Unfall; Unglück**
ongemakkelijk onchəmakələk **unbequem**
ongeveer onchəfe:r **ungefähr**
ongezellig onchəseləch **ungemütlich**
onkosten onkoßtə **Unkosten**
onlangs onlangß **vor Kurzem**
onmogelijk onmo:chələk **unmöglich**
onschuldig on'ßchöldəch **unschuldig**
ontbijt *n* on'bäit **Frühstück**
ontbijten ond'bäitə **frühstücken**
ontbreken ond'bre:kə **fehlen**
ontmoeting ont'muting **Treffen**
ontsteking ontßte:king **Entzündung; Zündung**
onvolledig onfo'le:dəch **unvollständig**
onvriendelijk on'fri:ndələk **unfreundlich**
onweer *n* onwe:r **Gewitter**
oog *n* o:ch **Auge**
oogarts o:chartß **Augenarzt**
ook o:k **auch**
oom o:m **Onkel**
oor *n* o:r **Ohr**
oorbellen o:rbelə **Ohrringe**
oosten *n* o:ßtə **Osten**
opblaasbare bal obla:sba:rə bal **Wasserball**
open o:pə **offen**
openbaar o:pəmba:r **öffentlich**
openen o:pənə **öffnen**
open haard o:pə ha:rt **Kamin**
openingsuren o:pəningßü:rə **Öffnungszeiten**
openluchttheater *n* o:pəlöchte:ja:tər **Freilichtbühne**
openmaken o:pəma:kə **aufmachen**
opera o:pəra **Oper; Opernhaus**
opgewonden opchəwondə **aufgeregt**
ophouden ophaudə **aufhören**
oplaadstation *n* opla:tßta:ßjon **Ladegerät**
opladen opla:də **aufladen**
oplader opla:dər **Ladekabel**
opletten opletə **aufpassen**
oplossing 'oploßing **Lösung**
op reis gaan op räiß cha:n **verreisen**
oprit (naar de snelweg) oprit (na:r də ßnelwech) **Autobahnauffahrt**
opruiming opröjming **Schlussverkauf**
opschrijven opßchräifə **aufschreiben**
opstaan opßta:n **aufstehen**
opticien opti:ß'jẽ: **Optikfachgeschäft**
op tijd op täit **rechtzeitig**

orde ordə **Ordnung**
origineel *n* orischine:l **Original**
orthopedist orto:pe:'dißt **Orthopäde**
oud aut **alt**
oude centrum *n* audə ßentröm **Altstadt**
oudejaarsavond audəja:rß'a:fənt **Silvester**
ouders audərß **Eltern**
over o:fər **über; übrig; vorbei**
overal o:fə'ral **überall**
overbagage o:fərba'cha:schə **Übergepäck**
overbodig o:fər'bo:dəch **überflüssig**
overdrijven o:fərdräifə **übertreiben**
overlijden o:fərläidə **sterben**
overmorgen o:fərmorchə **übermorgen**
overnachting o:fərnachting **Übernachtung**
overschrijving o:fərßchräifing **Überweisung**
overstappen 'o:fərßtapə **umsteigen**
oversteken 'o:fərßte:kə **überqueren**
overwinning o:fərwining **Sieg**

P

paar *n* pa:r **Paar**
paard *n* pa:rt **Pferd**
paars pa:rß **lila**
pacemaker päißmäikər **Herzschrittmacher**
paddestoelen 'padəßtulə **Pilze**
pak *n* pak **Anzug; Paket**
pakje *n* pakjə **Päckchen**
pakket *n* paket **Paket**
pakking paking **Packung**
paleis *n* paläiß **Palast**
pan pan **Pfanne; Topf**
panty penti: **Strumpfhose**
papaver pa'pa:fər **Mohn**
papier *n* papi:r **Papier**
papieren pa'pi:rə **Papiere**
papieren zakdoekjes papi:rə sakdukjəß **Papiertaschentücher**
parachutespringen *n* paraschü:tßpringə **Fallschirmspringen**
parasol paraßol **Sonnenschirm**
parel 'pa:rəl **Perle**
park *n* park **Park**
parkeergarage parke:rchara:schə **Parkhaus**
parkeermeter parke:rme:tər **Parkuhr**
parkeerterrein *n* parke:rteräin **Parkplatz**
parkeerverbod *n* parke:rfərbot **Parkverbot**
parkeren parke:rə **parken**
Pasen pa:ßə **Ostern**
paspoort *n* paßpo:rt **Pass**

pauze pausə **Pause**
peer pe:r **Birne**
pees pe:ß **Sehne**
pensioen *n* penßjun **Rente**
peper pe:pər **Pfeffer**
periode pe:rjo:də **Epoche**
perron *n* pe'ron **Bahnsteig**
pers perß **Presse**
persoon pərßo:n **Person**
persoonlijk pərßo:nlək **persönlich**
perzik persik **Pfirsich**
pijn päin **Schmerz**
pijn doen päin dun **wehtun**
pijnstiller päinßtilər **Schmerzmittel**
pijp päip **Pfeife**
pincet *n* pinßet **Pinzette**
pincode pinko:də **Geheimzahl**
pinda's pindaß **Erdnüsse**
Pinksteren pingßtərə **Pfingsten**
plaats pla:tß **Ort; Stelle**
plaats aan het raam pla:tß a:n ət ra:m **Fensterplatz**
plaatselijke tijd pla:tßələkə täit **Ortszeit**
plafond *n* pla'fon **Decke**
plakband *n* plakbant **Klebeband**
plastic beker pleßtik be:kər **Plastikbecher**
plastic bestek *n* pleßtik bəßtek **Plastikbesteck**
plastic bord *n* pleßtik bort **Plastikteller**
plein *n* pläin **Platz**
pleister pläißtər **Pflaster** *(med)*
plezier *n* plə'si:r **Spaß**
plicht plicht **Pflicht**
ploeg pluch **Mannschaft**
plotseling plotßəling **plötzlich**
plotselinge transpiratie plotßelingə tranßpi'ra:ßi: **Schweißausbruch**
plunjezak plönjəsak **Seesack**
poeder *n* pudər **Pulver; Puder**
poging po:ching **Versuch**
politie po:li:ßi: **Polizei**
politieagent po:li:ßi:-achent **Polizist**
politiek po:liti:k **Politik**
portaal *n* porta:l **Portal**
portemonnee portəmone: **Portemonnaie**
portie porßi: **Portion**
portret *n* portret **Porträt**
positief po:siti:f **positiv**
poster po:ßtər **Poster**
postkantoor *n* poßtkanto:r **Postamt**
postzegel poßtße:chəl **Briefmarke**
potloodslijper 'potlo:tßläipər **Spitzer**
pottenbakkerij potəbakəräi **Töpferei**
precies prəßi:ß **genau**

prei präi **Lauch**
prijs präiß **Preis**
prijslijst präißläißt **Preisliste**
privé pri:fe: **privat**
proberen pro:be:rə **versuchen**
probleem *n* pro:ble:m **Problem**
programma *n* pro:chrama **Programm**
programmablad *n* pro:chramablat **Programmheft**
provinciale weg pro:finßja:lə wech **Landstraße**
pruim pröjm **Pflaume**
publiek *n* pü:'bli:k **Publikum**
punt *n* pönt **Punkt**
puur pü:r **pur**

R

raam *n* ra:m **Fenster**
rand rant **Rand**
rauw rau **roh**
rauwkost raukoßt **Rohkost**
ravijn ra:fäin **Schlucht**
recept *n* re:ßept **Rezept**
receptie re:'ßepßi: **Anmeldung; Empfang; Rezeption**
recht *n* recht **Recht**
recht recht **gerade**
rechtdoor rechdo:r **geradeaus**
rechtstreeks rech'ßtre:kß **direkt**
reclame rəkla:mə **Werbung**
redden redə **retten**
reddingsboei redingsbui **Rettungsring**
reddingsboot redingsbo:t **Rettungsboot**
reddingsdienst redingsdi:nßt **Bergwacht**
reden re:də **Ursache**
regel re:chəl **Regel**
regelmatig re:chəl'ma:təch **regelmäßig**
regenachtig re:chənachtəch **regnerisch**
regenbui re:chəmböj **Regenschauer**
regering rəche:ring **Regierung**
reinigingsmelk räinəchingßmelk **Reinigungsmilch**
reinigingsmiddel *n* räinəchingßmidəl **Reinigungsmittel**
reis räiß **Reise**
reisgids räißchitß **Reiseführer; Fremdenführer**
reisgroep räißgrup **Reisegruppe**
reistas räißtaß **Reisetasche**
rek *n* rek **Regal**
rekenen re:kənə **rechnen**
rekening re:kəning **Rechnung**
rem rem **Bremse**
reparatie re:para:ßi: **Reparatur**
reparatiedoosje voor een fiets *n* re:pa'ra:ßi:do:schə fo:r ən fi:tß **Fahrradflickzeug**

repareren re:pare:rə **reparieren**
reserveband re:serfəbant **Reservereifen; Ersatzreifen**
reserveonderdeel *n* re:serfə-ondərde:l **Ersatzteil**
reserveren re:serfe:rə **reservieren**
reservering re:serfe:ring **Voranmeldung; Reservierung**
restauratiewagen reßto:ra:ßi:wa:chə **Speisewagen**
retourvlucht rətu:rflöcht **Rückflug**
rib rip **Rippe**
richting richting **Richtung**
riem ri:m **Gürtel**
rij räi **Reihe**
rijbewijs *n* räibəwäiß **Führerschein**
(paard) rijden (pa:rt) räidə **reiten**
rijk räik **reich**
rijst räißt **Reis**
ritssluiting ritßlöjting **Reißverschluss**
rivier ri'fi:r **Fluss**
rode wijn ro:də wäin **Rotwein**
roeiboot rujbo:t **Ruderboot**
roeien ruiə **rudern**
roepen rupə **rufen**
roggebrood *n* rochəbro:t **Schwarzbrot**
rok rok **Rock**
roken ro:kə **rauchen**
rollator rola:tor **Gehwagen**
rolstoel rolßtul **Rollstuhl**
roltrap roltrap **Rolltreppe**
rond ront **rund**
rondvaart rontfa:rt **Rundfahrt**
rood ro:t **rot**
roodvonk ro:tfonk **Scharlach**
rook ro:k **Rauch**
rookartikelen ro:karti:kələ **Tabakwaren**
roos ro:ß **Rose**
roze 'ro:sə **rosa**
rubberboot röbərbo:t **Schlauchboot**
rubberlaarzen röbərla:rsə **Gummistiefel**
rug röch **Rücken**
ruiken röjkə **riechen**
ruilen röjlə **tauschen; umtauschen**
ruimte röjmtə **Raum**
ruitenwisser röjtəwißər **Scheibenwischer**
rundvlees *n* röntfle:ß **Rindfleisch**
rustig rößtəch **ruhig; still**
ruzie maken 'rüsi: ma:kə **streiten**

S

saai ßai **langweilig**
samen ßa:mə **zusammen**
sap *n* ßap **Saft**
saus ßauß **Soße**
schaar ßcha:r **Schere**
schade ßcha:də **Schaden**
schadevergoeding ßcha:dəfərchuding **Schadenersatz**
schaduw ßcha:dü:u **Schatten**
schakelaar 'ßcha:kəla:r **Schalter** *(elektrisch)*
schapenwol ßcha:pəwol **Schafwolle**
scheepsagentuur ßche:pßachentü:r **Schiffsagentur**
scheiden ßchäidə **trennen**
schelpen ßchelpə **Muscheln**
schemering ßche:məring **Dämmerung**
schep ßchep **Schaufel**
scheren ßche:rə **rasieren; scheren**
scherp ßcherp **scharf**
schiereiland *n* ßchi:räilant **Halbinsel**
schijnen ßchäinə **scheinen**
schilderij *n* ßchildə'räi **Gemälde; Malerei**
schilderijenverzameling ßchildə'räijəfərsa:məling **Gemäldesammlung**
schip *n* ßchip **Schiff**
schnitzel schnitßəl **Schnitzel**
schoencrème ßchunkrä:m **Schuhcreme**
schoenen ßchunə **Schuhe**
schoenenwinkel ßchunəwinkəl **Schuhgeschäft**
schoenpoetsmiddel *n* ßchunputßmidəl **Schuhputzmittel**
school ßcho:l **Schule**
schoon ßcho:n **sauber**
schoonmaakmiddel *n* ßcho:nma:kmidəl **Putzmittel**
schoonmaken ßcho:nma:kə **putzen**
schouder ßchaudər **Schulter**
schreeuwen ßchre:uə **schreien**
schrijven ßchräifə **schreiben**
schroef ßchruf **Schraube**
schroevendraaier ßchrufədra:jər **Schraubenzieher**
schuifdak *n* schöjfdak **Schiebedach**
schuilhut ßchöjlhöt **Schutzhütte**
schuin ßchöjn **schräg**
sculptuur ßkölptü:r **Skulptur**
seconde ßəkondə **Sekunde**
seks ßekß **Sex**
seksueel ßekßü:e:l **sexuell**

september ßeptembər **September**
serveerster ßer'fe:rßtər **Kellnerin**
servet *n* ßerfet **Serviette**
serviesgoed *n* ßerfi:ßchut **Geschirr**
sieraden 'ßi:ra:də **Schmuck**
sigaren ßi:cha:rə **Zigarren**
sinaasappel ßina:ßapəl **Orange**
sinaasappelsap *n* ßina:ßapəlßap **Orangensaft**
sinds ßinß **seit**
sjaal scha:l **Schal**
sla ßla: **Salat**
slaap ßla:p **Schlaf**
slaaptabletten ßla:ptabletə **Schlaftabletten**
slaapwagen ßla:pwa:chə **Schlafwagen**
slaapzak ßla:pßak **Schlafsack**
slagroom ßlachro:m **Sahne**
slank ßlank **schlank**
slapen ßla:pə **schlafen**
slasaus ßla:ßauß **Salatsoße**
slecht ßlecht **schlecht**
sleutel ßlö:təl **Schlüssel**
sluiten ßlöjtə **schließen**
smaak ßma:k **Geschmack**
smaken ßma:kə **schmecken**
sms eßemeß **SMS**
sneeuw ßne:u **Schnee**
sneeuwkettingen ßne:uketingə **Schneeketten**
snelheid ßnelhäit **Geschwindigkeit**
snelweg ßnelwech **Autobahn**
snijden ßnäidə **schneiden**
snoepgoed *n* ßnupchut **Süßwaren**
snoer *n* ßnu:r **Schnur**
snor ßnor **Schnurrbart**
snorkel ßnorkəl **Schnorchel**
soep ßup **Suppe**
sokken ßokə **Socken**
som ßom **Summe**
soms ßomß **manchmal**
soort ßo:rt **Art**
souvenirwinkel ßufəni:rwinkəl **Andenkenladen**
spaarkas ßpa:rkaß **Sparkasse**
speciale aanbieding ßpe:ßja:lə a:mbi:ding **Sonderangebot**
specialiteit ßpe:ßjalitäit **Spezialität**
speelfilm ßpe:lfilm **Spielfilm**
speelgoed *n* ßpe:lchut **Spielzeug**
speelkaarten ßpe:lka:rtə **Spielkarten**
speeltuin ßpe:ltöjn **Spielplatz**
spel *n* ßpel **Spiel**
spelen ßpe:lə **spielen**
spier ßpi:r **Muskel**
spijker ßpäikər **Nagel** *(Metall)*

spijkerbroek ßpäikərbruk **Jeans**
spin ßpin **Spinne**
spinazie ßpi:na:si: **Spinat**
spoor *n* ßpo:r **Gleis**
sportzaak ßportßa:k **Sportgeschäft**
spreken ßpre:kə **reden; sprechen**
springplank ßpringplank **Sprungbrett**
spuitje *n* ßpöjtjə **Spritze**
staan ßta:n **stehen**
stabiel ßtabi:l **stabil**
stad ßtat **Stadt**
stadhuis *n* ßtathöjß **Rathaus**
stadscentrum *n* ßtatßentröm **Stadtzentrum**
stadsmuur ßtatßmü:r **Stadtmauer**
stadspoort ßtatßpo:rt **Stadttor**
staking ßta:king **Streik**
standbeeld *n* ßtandbe:lt **Statue**
stap ßtap **Schritt**
startkabel ßtartka:bəl **Starthilfekabel**
statief *n* ßta:ti:f **Stativ**
station *n* ßtaßjon **Bahnhof**
steeds ßte:tß **ständig**
steek ßte:k **Stich**
steen ßte:n **Stein**
steil ßtäil **steil**
stekker ßtekər **Stecker**
stelen ßte:lə **stehlen**
stem ßtem **Stimme**
ster ßter **Stern**
sterk ßterk **stark**
stift ßtift **Stift**
stijl ßtäil **Stil**
stipt ßtipt **pünktlich**
stoel ßtul **Stuhl**
stof ßtof **Stoff**
stof *n* ßtof **Staub**
stomerij ßto:mə'räi **Reinigung**
stoombad *n* ßto:mbat **Dampfbad**
stopcontact *n* ßtopkontakt **Steckdose**
storen ßto:rə **stören**
storingen in de bloedsomloop ßto:ringən in də blutß-omlo:p **Kreislaufstörungen**
storm ßtorm **Sturm**
stormachtig ßtormachtəch **stürmisch**
stormwaarschuwing 'ßtormwa:rßchü:wing **Sturmwarnung**
straat ßtra:t **Straße**
straks ßtrakß **bald**
strandstoel ßtrantßtul **Strandkorb**
strandvolleybal *n* ßtrantfoli:bal **Beachvolleyball**
streek ßtre:k **Gegend; Region**
strijken ßträikə **streichen; bügeln**
strijkijzer *n* ßträikäisər **Bügeleisen**

stroming ßtro:ming **Strömung**
stropdas ßtrobdaß **Krawatte**
struikelen ßtröjkələ **stolpern**
studeren ßtü:de:rə **studieren**
stuk *n* ßtök **Stück**
sturen ßtü:rə **schicken**
succes *n* ßökßeß **Erfolg**
suiker ßöjkər **Zucker**
suikerziekte ßöjkərsi:ktə **Diabetes**
surfplank ßö:rfplank **Surfbrett**
sympathiek ßimpa'ti:k **sympathisch**
synthetisch weefsel *n* sinte:tiß we:fßəl **Synthetik**

T

taal ta:l **Sprache**
tafel ta:fəl **Tisch**
tafeltennis *n* ta:fəlteniß **Tischtennis**
takelwagen ta:kəlwa:chə **Abschleppwagen**
tand tant **Zahn**
tandarts tantartß **Zahnarzt**
tandenborstel tandəborßtəl **Zahnbürste**
tandenstoker tandəßto:kər **Zahnstocher**
tandpasta tantpaßta **Zahnpasta**
tandvlees *n* tantfle:ß **Zahnfleisch**
tang tang **Zange**
tarief *n* tari:f **Fahrpreis; Gebühr**
tas taß **Tasche**
taxistandplaats takßi:ßtantpla:tß **Taxistand**
techniek tech'ni:k **Technik**
teen te:n **Zehe**
tegelijkertijd təchə'läikərtäit **gleichzeitig**
tegen te:chə **gegen**
tegendeel *n* 'te:chəde:l **Gegenteil**
tegenover te:chəno:fər **gegenüber**
teken *n* te:kə **Zeichen**
tekenbeet te:kəbe:t **Zeckenbiss**
tekening te:kəning **Zeichnung**
telefoonkaart te:ləfo:nka:rt **Telefonkarte**
tellen telə **zählen**
temperatuur tempəratü:r **Temperatur**
tenminste tən'minßtə **mindestens**
tent tent **Zelt**
tentoonstelling tən'to:nßteling **Ausstellung**
terras *n* teraß **Terrasse**
terug təröch **zurück**
teruggeven təröche:fə **zurückgeben**
terugkomen təröchko:mə **zurückkommen; wiederkommen**

terugnemen tərochne:mə **zurücknehmen**
tetanus te:tanößß **Tetanus**
te veel tə fe:l **zu viel**
tevreden təfre:də **zufrieden**
te weinig tə wäinəch **zu wenig**
thee te: **Tee**
theedoek te:duk **Geschirrtuch**
thermiek ter'mi:k **Thermik**
thermosfles® termoßfleß **Thermosflasche®**
tijd täit **Zeit**
tijm täim **Thymian**
toch toch **doch; trotzdem**
tocht tocht **Fahrt; Tour**
toegestaan tuchəßta:n **zulässig**
toekijken tukäikə **zuschauen**
toekomst tukomßt **Zukunft**
toeslag tußlach **Zuschlag**
toestaan tußta:n **erlauben**
toestand tußtant **Zustand**
toeval *n* tufal **Zufall**
toevallig tu'faləch **zufällig**
toilet *n* twalet **Toilette**
tomaat toma:t **Tomate**
tong tong **Zunge**
tonijn to'näin **Thunfisch**
toren to:rə **Turm**
tot tot **bis**
touw *n* tau **Seil**
traditie tradi:ßi: **Tradition**
tram trem **Straßenbahn**
trap trap **Treppe**
traploos traplo:ß **stufenlos**
trechter trechtər **Trichter**
trekken trekə **ziehen**
treurig trö:rəch **traurig**
trouwen met trauə met **heiraten**
trouwens trauənß **übrigens**
trui tröj **Pullover**
tuin töjn **Garten**
turquoise törk'wa:sə **türkis**
tussen tößə **zwischen**
tweepersoonsbed *n* twe:pərßo:nsbet **Doppelbett**

U

ui öj **Zwiebel**
uit eten gaan öjt e:tə cha:n **essen gehen**
uitgaan öjtcha:n **ausgehen**
uitgang öjtchang **Ausgang**
zich uitkleden sich öjtkle:də **sich ausziehen**
uitlaat öjtla:t **Auspuff**
uitlaatgassen öjtla:tchaßə **Abgase**
uitleggen öjtlechə **erklären**
uitlenen öjtle:nə **ausleihen**
uitnodigen öjtno:dəchə **einladen**
uitrusten öjtrößtə **sich ausruhen**
uitstapje *n* öjtßtapjə **Ausflug**
uitstappen öjtßtapə **aussteigen**
uitverkoop öjtfərko:p **Ausverkauf**

uitzicht *n* öjtßicht **Aussicht**
uitzondering öjtßondəring **Ausnahme**
universiteit ü:niferßitäit **Universität**
uroloog ü:ro:lo:ch **Urologe**
uur *n* ü:r **Stunde**

V

vaak fa:k **häufig; oft**
vaart fa:rt **Kanal**
vaas fa:ß **Vase**
vader fa:dər **Vater**
vakantie fakanßi: **Urlaub**
vakantiehuis *n* fakanßi:höjß **Ferienhaus**
vakantiehuisje *n* fakanßi:höjschə **Ferienwohnung**
vallei faläi **Tal**
vals geld *n* falß chelt **Falschgeld**
valuta falü:ta **Währung**
van fan **von**
vanavond fa'na:fənt **heute Abend**
vandaag fan'da:ch **heute**
vangen fangə **fangen**
vanmiddag fan'midach **heute Nachmittag;**
vanmorgen fan'morchə **heute Morgen**
vanwege fan'we:chə **wegen**
varkensvlees *n* farkəßfle:ß **Schweinefleisch**
vast faßt **fest**
vastmaken faßtma:kə **befestigen**
veel fe:l **viel**
veerboot fe:rbo:t **Fähre**
veilig fäiləch **sicher**
veiligheidsgordel fäiləchäitßchordəl **Sicherheitsgurt**
veiligheidsspeld 'fäiləchäitßpelt **Sicherheitsnadel**
veld *n* felt **Feld**
ver fer **weit**
veranderen fərandərə **verändern**
verantwoordelijk fərant'wo:rdələk **verantwortlich; zuständig**
verbandtrommel fərbantroməl **Verbandskasten**
verbeteren fərbe:tərə **verbessern**
verbindingskabel fərbindingßka:bəl **Verbindungskabel**
verblijf *n* fərbläif **Aufenthalt**
verboden fərbo:də **verboten**
verdieping fərdi:ping **Etage**
vereniging fəre:naching **Verein**

vergelijken fərchə'läikə **vergleichen**
vergeten fərche:tə **vergessen**
vergissing fərchißing **Irrtum**
vergoeden fərchudə **rückerstatten**
verguld fərchölt **vergoldet**
verhuren fərhü:rə **vermieten**
verjaardag fərja:rdach **Geburtstag**
verkeer *n* fərke:r **Verkehr**
verkoop fərko:p **Vertrieb**
verkopen fərko:pə **verkaufen**
verkoper fərko:pər **Verkäufer**
verkoudheid fərkauthäit **Erkältung**
(neus)verkoudheid (nö:ß) fərkauthäit **Schnupfen**
verlengen fərlengə **verlängern**
verlengkabel fərlengka:bəl **Verlängerungskabel**
verliezen fərli:sə **verlieren**
verloofd fərlo:fd **verlobt**
vermoedelijk fərmudələk **voraussichtlich**
vermoeiend fər'muiənt **anstrengend**
verrassen fəraßə **überraschen**
vers ferß **frisch**
verschil *n* fər'ßchil **Unterschied**
vershoudfolie ferßhautfo:li: **Frischhaltefolie**
verstandig fərßtandəch **klug**
verstandskies fərßtantßki:ß **Weisheitszahn**
verstuikt fərßtöjkt **verstaucht**
vertalen fərta:lə **übersetzen**
vertaling fərta:ling **Übersetzung**
vertellen fərtelə **erzählen**
vertraging fərtra:ching **Verspätung**
vertrek *n* fərtrek **Abfahrt; Abflug; Abreise**
vertrekken fərtrekə **abfahren; abreisen**
vervaldag fərfaldach **Verfallsdatum**
verven ferfə **färben**
verwachten fərwachtə **erwarten**
verwarming fərwarming **Heizung**
verwennen fərwenə **verwöhnen**
verwisselen fərwißələ **verwechseln; austauschen**
verwonding fərwonding **Verletzung**
verzamelen fərsa:mələ **sammeln**
verzekeren fərse:kərə **versichern**
verzekering fərse:kəring **Versicherung**
verzorgen fərsorchə **pflegen**
verzwikt fərswikt **verrenkt**

vest *n* feßt **Weste**
vet fet **fett**
veters 'fe:tərß **Schnürsenkel**
vierpersoonshut fi:rpərßo:nßhöt **Vierbettkabine**
vilt *n* filt **Filz**
vinden fində **finden**
vinger fingər **Finger**
vis fiß **Fisch**
vissen fißə **fischen**
vissersboot fißərsbo:t **Fischerboot**
vlak flak **flach**
vlees *n* fle:ß **Fleisch**
vlek flek **Fleck**
vliegen fli:chə **fliegen**
vliegtuig *n* fli:chtöjch **Flugzeug**
vloed flut **Flut**
vlooienmarkt flo:jəmarkt **Flohmarkt**
vlug flöch **schnell**
vochtig fochtəch **feucht**
voet fut **Fuß**
voetbalveld *n* fudbalfelt **Fußballplatz**
voetbalwedstrijd fudbalwetßträit **Fußballspiel**
voetgangerszone futchangərßɔ:nə **Fußgängerzone**
vol fol **voll**
volgen folchə **folgen**
volgend jaar folchənt ja:r **nächstes Jahr**
volkorenbrood *n* folko:rəbro:t **Vollkornbrot**
voor fo:r **für; vor**
vooraf fo:'raf **im Voraus**
voordelig fo:r'de:ləch **preisgünstig**
voorgerecht *n* fo:rchərecht **Vorspeise**
voorhoofd *n* fo:rho:ft **Stirn**
voorlopig fo:r'lo:pəch **vorläufig**
voormiddag fo:r'midach **Vormittag;** in de voormiddag in də fo:r'midach **vormittags**
voornaam fo:rna:m **Vorname**
voorrang fo:rang **Vortritt; Vorfahrt**
voorschrift *n* fo:rßchrift **Vorschrift**
voorseizoen *n* fo:rßäisun **Vorsaison**
voorstad fo:rßtat **Vorort**
voorstel *n* 'fo:rßtel **Vorschlag**
vooruit fo:'röjt **vorwärts**
voorwaarde 'fo:rwa:rdə **Voraussetzung**
voorwerp *n* fo:rwerp **Gegenstand**
vork fork **Gabel**
vorst forßt **Frost**
vraag fra:ch **Frage**
vragen fra:chə **fragen**

vrede fre:də **Frieden**
vreemd fre:mt **fremd**
vriend fri:nt **Freund**
vriendelijk fri:ndələk **freundlich**
vriendin fri:n'din **Freundin**
vrij fräi **frei**
vrijdag fräidach **Freitag**
vroeg fruch **früh**
vroeger fruchər **früher**
vrouw frau **Frau; Ehefrau**
vrouwelijk frauələk **weiblich**
vuil föjl **schmutzig**
vuilnis föjlniß **Müll**
vuilnisemmer föjlnißemər **Mülleimer**
vuur *n* fü:r **Feuer**
vuurtoren fü:rto:rə **Leuchtturm**

W

waar wa:r **wo**
waarde wa:rdə **Wert**
waardeloos wa:rdəlo:ß **wertlos**
waardevol wa:rdəfol **wertvoll**
waarheen wa:rhe:n **wohin**
waarheid wa:rhäit **Wahrheit**
waarom wa:rom **warum**
waarschuwen 'wa:rßchü:wə **benachrichtigen**
waarschuwing 'wa:rßchü:wing **Warnung**
wachten wachtə **warten**
wachtwoord *n* wachtwo:rt **Passwort**
wakker wakər **wach**
wakker maken wakər ma:kə **wecken**
wakker worden wakər wordə **aufwachen**
walnoot walno:t **Walnuss**
wandeling wandəling **Spaziergang**
wandelkaart wandəlka:rt **Wanderkarte**
wandelschoenen wandəlßchunə **Wanderschuhe**
wandelweg wandəlwech **Wanderweg**
wanneer wane:r **wann**
warenhuis *n* wa:rəhöjß **Kaufhaus**
was waß **Wäsche**
washandje *n* waßhantjə **Waschlappen**
wasknijpers waßknäipərß **Wäscheklammern**
waslijn waßläin **Wäscheleine**
wasmachine waßmaschi:nə **Waschmaschine**
wasmiddel *n* waßmidəl **Waschmittel**
wasruimte waßröjmtə **Waschraum**
wassen waßə **waschen**
wasserette waßə'retə **Waschsalon**
wastafel waßta:fəl **Waschbecken**

wat wat **was**
water *n* wa:tər **Wasser**
waterfiets wa:tərfi:tß **Tretboot**
waterkoker wa:tərko:kər **Wasserkocher**
waterski wa:tərßki: **Wasserski**
watten watə **Watte**
wattenstaafjes watəßta:fjəß **Wattestäbchen**
weegschaal we:chßcha:l **Waage**
week we:k **Woche**
weekeinde *n* 'we:käində **Wochenende**
week verlenging we:k fərlenging **Verlängerungswoche**
weer *n* we:r **Wetter**
weer we:r **wieder**
weg wech **Weg**
wegenkaart we:chəka:rt **Straßenkarte**
weggaan wecha:n **weggehen**
weggooien 'wechoiə **wegwerfen**
wegrestaurant *n* wechreßto:rã: **Raststätte**
wegrijden wechräidə **wegfahren**
wegwijzer wechwäisər **Wegweiser**
wei wäi **Wiese**
weinig wäinəch **wenig**
wekker wekər **Wecker**
wensen wenßə **wünschen**
werk *n* werk **Arbeit; Werk**
werkeloos werkəlo:ß **arbeitslos**
werken werkə **arbeiten; funktionieren**
wervel werfəl **Wirbel**
wervelkolom 'werfəlko:lom **Wirbelsäule**
wesp weßp **Wespe**
wet wet **Gesetz**
weten we:tə **wissen**
wie wi: **wer**
wiel *n* wi:l **Rad**
wij wäi **wir**
wijk wäik **Stadtteil**
wijn wäin **Wein**
wildleer *n* wiltle:r **Wildleder**
willen wilə **wollen**
winkelcentrum *n* winkəlßentröm **Einkaufszentrum**
winnen winə **gewinnen**
wisselen wißələ **auswechseln; wechseln**
wisselkantoor *n* wißəlkanto:r **Wechselstube**
wisselvallig wißəl'faləch **wechselhaft**
wit wit **weiß**
wit brood *n* wid bro:t **Weißbrot**
witte wijn witə wäin **Weißwein**
woedend wudənt **wütend**
woensdag wunsdach **Mittwoch**
wol wol **Wolle**

wolk wolk **Wolke**
wond wont **Wunde**
wondzalf wontßalf **Wundsalbe**
wonen wo:nə **wohnen**
woning wo:ning **Wohnung**
woonplaats wo:mpla:tß **Wohnort**
woord *n* wo:rt **Wort**
woordenboek *n* wo:rdəbuk **Wörterbuch**
worstje *n* worschə **Würstchen**
wortel wortəl **Wurzel**

Z

zaak sa:k **Sache; Geschäft**
zaal sa:l **Saal**
zacht sacht **leise; weich**
zadel *n* sa:dəl **Sattel**
zak sak **Tüte**
zakkenroller sakərolər **Taschendieb**
zaklantaarn 'saklanta:rn **Taschenlampe**
zakmes *n* sakmeß **Taschenmesser**
zakrekenmachine sakre:kenmaschi:nə **Taschenrechner**
zalf salf **Salbe**
zand *n* sant **Sand**
zandstrand *n* santßtrant **Sandstrand**
zaterdag sa:tərdach **Samstag**
zee se: **Meer**
zeeëgel se:'e:chəl **Seeigel**
zeegang se:chang **Seegang**
zeep se:p **Seife**
zeer se:r **sehr**
zeeziek se:si:k **seekrank**
zeggen ßechə **sagen**
zeilboot säilbo:t **Segelboot**
zeilen säilə **segeln**
zekering se:kəring **Sicherung**
zelden seldə **selten**
zelfbediening selfbədi:ning **Selbstbedienung**
zelf bereid self bəräit **hausgemacht**
zelfs selfß **sogar**
zelfstandig self'ßtandəch **selbstständig**
zenuw 'se:nü:u **Nerv**
zetpil setpil **Zäpfchen**
zetten setə **setzen; stellen**
zicht *n* sicht **Sicht**
ziek si:k **krank**
ziekte si:ktə **Krankheit**
zien si:n **sehen**
zijde säidə **Seide**
zijn säin **sein**
zilver *n* silfər **Silber**
zilveren silfərə **silbern**
zingen singə **singen**
zinloos sinlo:ß **sinnlos**
zinvol sinfol **sinnvoll**
zitten sitə **sitzen**
zitvlak *n* sitflak **Gesäß**

zo so: **so**
zoeken sukə **suchen**
zoen sun **Kuss**
zoenen sunə **küssen**
zoet sut **süß**
zoetstof sutßtof **Süßstoff**
zomer so:mər **Sommer**
zon son **Sonne**
zondag sondach **Sonntag**
zonder sondər **ohne**
zonder parfum sondər parfö: **parfümfrei**
zonne(brand)crème sonə(brant)krä:m **Sonnencreme**
zonnebrand sonəbrant **Sonnenbrand**
zonnebril sonəbril **Sonnenbrille**
zonnehoed sonəhut **Sonnenhut**
zonnekap sonəkap **Sonnenblende**
zonnemelk sonəmelk **Sonnenmilch**
zonnesteek sonəßte:k **Sonnenstich**
zonnig sonəch **sonnig**
zonsondergang sonßondərchang **Sonnenuntergang**
zonsopgang sonßopchang **Sonnenaufgang**
zoon so:n **Sohn**
zout *n* saut **Salz**
zout saut **salzig**
zoutvaatje *n* 'sautfa:tjə **Salzstreuer**
zuiden *n* söjdə **Süden**
zuil söjl **Säule**
zus söß **Schwester**
zuur sü:r **sauer**
zwaar swa:r **schwer**
zwachtel swachtəl **Mullbinde**
zwak swak **schwach**
zwanger swangər **schwanger**
zwart swart **schwarz**
zweefvliegen *n* swe:fli:chə **Segelfliegen**
zweefvliegtuig *n* 'swe:fli:chtöjch **Segelflugzeug**
zwelling sweling **Schwellung**
zwembad *n* swembat **Schwimmbad; Swimmingpool**
zwembroek swembruk **Badehose**
zwemmen swemə **schwimmen**
zwemvest *n* swemfeßt **Schwimmweste**
zwemvleugels swemflö:chəlß **Schwimmflügel**
zwemvlies *n* swemfli:ß **Schwimmflossen**
zwoel swul **schwül**

Bildnachweis:
Coverfoto: Getty Images/George Pachantouris
S. 25: 123RF/albertus engbers
S. 53: 123RF/tykhyi
S. 67: 123RF/Valentin Ivantsov
S. 83: 123RF/Engin Korkmaz
S. 115: 123RF/kisamarkiza
S. 133: 123RF/Engin Korkmaz
S. 163: 123RF/anatols
S. 191: 123RF/Martin Bergsma
S. 215: 123RF/Bjorn Beheydt

Langenscheidt
Sprachführer Niederländisch

Entwickelt auf der Basis des
Langenscheidt Sprachführers Niederländisch
ISBN 978-3-12-514172-8

Bearbeitet von: Jan Reitsma

1. Auflage 2024 (1,01 – 2024)

www.langenscheidt.com

Projektleitung: Helen Schmidt
Gestaltung und Satz: zweiband.media, Berlin
Druck und Bindung: Publikum d.o.o.

ISBN 978-3-12-514569-6